3

サクセス15
March 2012

http://success.waseda-ac.net/

CONTENTS

中1準備講座実施要項

日程 **第2ターム…2/29(水)、3/2(金)、7(水)、9(金)、14(水)、16(金)**

※校舎により授業実施日・時間帯等が異なる場合があります。 ※詳しくは最寄りの早稲田アカデミー各校舎にお問い合わせください。

時間 東京・神奈川→ 17:00～18:40
埼玉・千葉・高島平校・羽村校・東大和市校・つくば校→ 17:10～18:50

費用 各ターム:(2科) 9,000円
(単科) 5,000円

会場 早稲田アカデミー各校舎
(WAC)除く

中1準備講座カリキュラム

英語 必ず英語が好きになる充実した授業

スタートはみんな同じです。でもなぜ英語が苦手になってしまう人がいるのでしょう?それは英語に興味が持てず、中1のときにつまずいてしまうからです。早稲田アカデミーでは、「楽しい英語、好きになる英語」をテーマに、中学校で役に立つ勉強とともに、クイズやパズルなども取り入れた学習をします。

初級: 第1ターム(1～6)、第2ターム(7～12)
中級: 第1ターム(1～6)、第2ターム(7～12)

	カリキュラム	この回の目標
1	**英語の世界へようこそ** ABCとabcをマスターしよう	4線を使ってアルファベットの大文字・小文字を一通り正しく書くことができる。
2	**身の回りの英語** これはtable?、それともdesk?	アルファベットの大文字・小文字を順番に書け、発音することができる。平易な単語を書くことができる。
3	**英語で言ってみよう** 犬はdog、ネコはcatって言うんだ	日本語の意味を見て英単語を書くことができる。また、英単語を見て日本語に直すことができる。
4	**英語で文を作ろう** ぼくのもの・あなたのもの	This is my book.といったThis/Thatを使って一つの文を書くことができる。冠詞・所有格を使うことができる。
5	**英語で質問しよう①** これは何だろう?	This/That の文の否定文・疑問文を作ることができる。疑問詞Whatを使った文で質問できる。
6	**英会話をしてみよう** 自己紹介しよう	I am~. / You are~.の肯定文や否定文、疑問文を使って自己紹介をすることができる。名前をローマ字で書ける。
7	**英語で自己紹介しよう** 私は英語が大好き	be動詞の文との違いを理解し、likeやplayなど一般動詞を使った肯定文や否定文を作ることができる。
8	**英語で質問しよう②** リンゴとオレンジ、どっちが好き?	一般動詞の否定文・疑問文を作ることができる。be動詞の文と一般動詞の文の問題が混在していても対応できる。
9	**英語で友達を紹介しよう** 彼女は私の親友です	He is~. / She is~.の肯定文や否定文、疑問文を使って友達を紹介できる。疑問詞Whoを使って質問できる。
10	**英語で数えてみよう** ケーキはいくつある?	名詞・代名詞の複数形を使って文を作ることができる。How many~?を使って質問し、答えることができる。
11	**総合問題**	単語と発音・be動詞の文・一般動詞の文
12	**発展問題**	主語が3人称単数の一般動詞の文の肯定文・否定文・疑問文を作ることができる。

数学 算数から数学への橋渡し!

中1で最初に習う『正負の数』から『方程式』までを学習します。中でも正負の数・文字式は、中1の1学期の中間・期末テストの試験範囲でもあります。小学校の算数の復習をしながら基礎力を大幅アップ! 算数嫌いの人も数学がきっと好きになります。中学受験をした人は上級カリキュラムで中1夏までの内容を先取りします。

初級: 第1ターム(1～3)、第2ターム(4～6)
中級: 第1ターム(3～5)、第2ターム(6～8)
上級: 第1ターム(4～6)、第2ターム(7～10)

	カリキュラム	内容
1	**小学校の復習①**	数と計算・図形・文章題
2	**小学校の復習②**	平均・速さ・割合・比と比例
3	**小学校の復習③**	平面図形と面積・立体図形と体積
4	**正負の数①**	数の大小・正負の数の加法と減法 加減の混じった計算
5	**正負の数②**	正負の数の乗法・正負の数の除法 累乗と指数・四則の混じった計算
6	**文字と式①**	積と商の表し方・1次式の加減乗除 式の値
7	**文字と式②**	数と式・数量の表し方 文字式の利用
8	**方程式の解き方①**	等式と方程式 等式の性質
9	**方程式の解き方②**	一次方程式 移項と方程式の解法
10	**総合問題**	正負の数・文字と式・方程式

中1コース開講までの流れ

2月 …… 3月 …… 4月 ……

中1準備講座 → 新中1学力診断テスト 保護者対象ガイダンス → **中1コース開講**

先を見据えた習熟度別クラス

レベル別のカリキュラムだからしっかり先取りできる!

早稲田アカデミーの中1準備講座は習熟度別のクラス編成になっています。だから、自分のペースにあった環境でしっかりと理解し、先取り学習をすることができます。さらに、その先の難関高校合格や難関大学合格につながる学習環境を用意しています。中1準備講座で最高のスタートを切ろう!

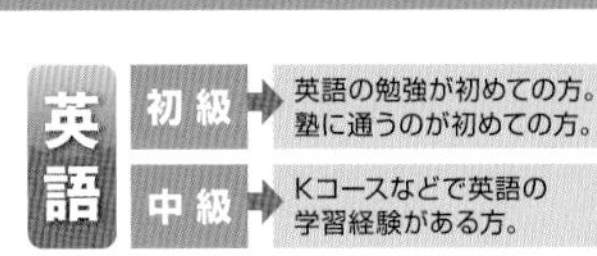

数学
- 初級 → 数学の勉強が初めての方。塾に通うのが初めての方。
- 中級 → Kコースなどで数学の学習経験がある方。
- 上級 → 中学受験をされた方。

中1 新しい環境でスタートダッシュ。「本気でやる」習慣をつけます。

一人ひとりに講師の目が行き届く人数で授業を行うのが早稲田アカデミーです。中1ではまず学習習慣を身につけることが大切。一人ひとりに適切な指導をし、「本気でやる」姿勢を植えつけます。難関校受験へ向けて確かな学力を養成していきます。

コース		科目	曜日・時間	授業料
Sコース	選抜コース 英数国3科	英語 数学 国語	月曜・水曜・金曜 東京・神奈川 19:00～20:30 千葉 19:10～20:40 埼玉・茨城 19:15～20:45	授業料 17,500円
Rコース	レギュラーコース 英数国3科	英語 数学 国語		授業料 17,500円
理社コース	選抜コース レギュラーコース	理科 社会	水曜・金曜 東京・神奈川 20:40～21:30 千葉 20:50～21:40 埼玉・茨城 20:55～21:45	授業料 7,500円

※一部の校舎では時間帯等が異なります。

※ 難関中高受験専門塾ExiVでは上記と実施日・時間帯等が異なる場合があります。詳しくはお問い合わせください。

中学入学前　スタートダッシュ！ライバル達に、差をつけろ!!

2月・3月実施　中学内容先取り講座

早稲アカなら 偏差値40～50台の生徒が 難関校に合格できる!!

偏差値70以上が必要とされる
開成　国立附属　早慶高　に
進学した生徒の中1当時の偏差値は
半数以上が40台～50台でした。

中1・5月までに入塾し2011年入試で開成・国立附属・早慶附属高に進学した生徒の中1の時の偏差値分布

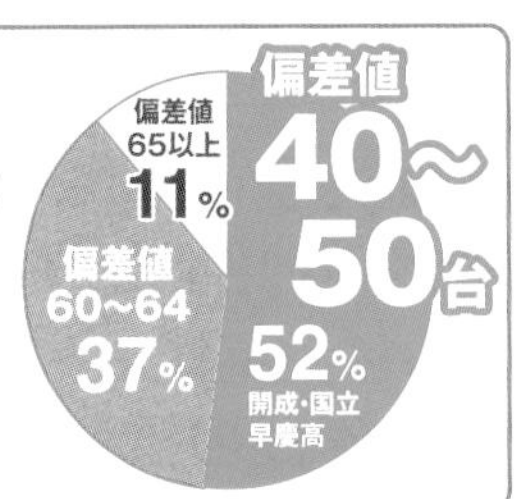

さらに開成・国立・早慶高を除く
難関私立　都県立難関校　に
進学した生徒の中1当時の偏差値は
76%が40台～50台でした。

中1・5月までに入塾し、2011年入試で開成・国立附属・早慶附属を除く偏差値65以上の難関校に進学した生徒の中1の時の偏差値分布

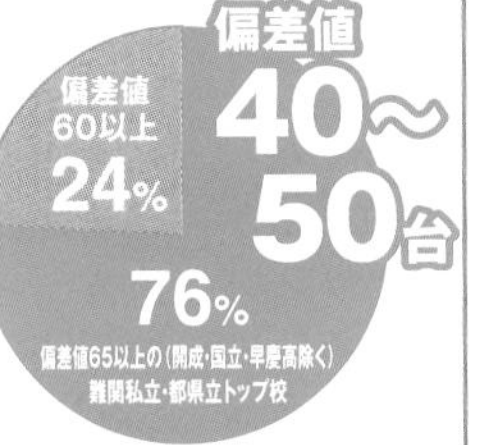

早稲田アカデミー
イメージキャラクター
笠井 海夏子（かさい みかこ）

現小6対象　新中1学力診断テスト　無料

中学校へ入学する前に実力と弱点を把握しよう！

算数（数学）・国語・英語・理科・社会を総合的に診断します。

・到達診断テストⅠ（算数・数学）	40分
・到達診断テストⅡ（国語・英語）	40分
・到達診断テストⅢ（理科・社会）	40分
・新中1オリエンテーション	20分

3/17 土

会場　早稲田アカデミー各校舎（WAC除く）
時間　10：00～12：40

詳しい成績帳票で個別の学習カウンセリングを実施。成績優秀者にはプレゼントも！

※お申し込み・お問い合わせは、お近くの早稲田アカデミー各校舎までお気軽にどうぞ。

保護者対象　同時開催
新 中1ガイダンス　無料

情報満載！早稲アカが教えます。

- 中1学習の秘訣
- 普通の子が伸びるシステム
- 部活と塾の両立のカギ
- 地域の中学校事情や入試制度

3/17 土

※ ガイダンスのみの参加も可能です。
※ お申し込みはお近くの早稲田アカデミーまでお気軽にどうぞ。

早稲田アカデミー

お申し込み・お問い合わせは
最寄りの早稲田アカデミー各校舎または
本部教務部　03-5954-1731 まで

いざっ！
都の西北 早稲田へ

大学、系列校を徹底解剖！

多くの人があこがれる「早稲田大学」
早稲田大学とはどんな大学で、その系列校はどんな学校なのでしょうか。
各系列校の卒業生のインタビューなどから、
早稲田大学とそれぞれの学校の素顔にせまります。

大隈講堂

大隈重信が生前唱えていた人生125歳説にちなんで、
時計塔の高さは125尺(約38m)となっています。
講堂は創立45周年記念事業として1927年に完成しました。
そして創立125周年にあたる2007年に大改装され多目的型ホールへとなり、
同年12月に国の重要文化財に指定されています。

早稲田の意味

早稲田とは、読んで字のごとく早く稲を刈る水田のことです。
そしてこの早稲田があったのが、新宿区高田馬場周辺の低地地域、
現在の早稲田町、早稲田南町、早稲田鶴巻、西早稲田の一帯です。

早稲田大学とは

1882年（明治15年）に大隈重信によって東京専門学校が創立されました。この東京専門学校は1902年（明治35年）に早稲田大学と改称し、さまざまな変遷を経てここに日本を代表する早稲田大学が誕生しました。

早大といえばこのキャンパス。大隈重信銅像や大隈講堂があります。6つの学部が存在しており多くの学生が学んでいます。緑に囲まれたカフェテリアや、商学部と国際教養学部が使用している11号館も2009年3月に完成し、よりよい環境が整っています。

所在地　東京都新宿区西早稲田1-6-1
TEL　03-3203-4141（大学代表）
アクセス　地下鉄東西線「早稲田」徒歩5分、
地下鉄副都心線「西早稲田」徒歩17分、
JR山手線･西武新宿線「高田馬場」徒歩20分

【政治経済学部】政治学科　経済学科　国際政治経済学科
【教育学部】教育学科　国語国文学科　英語英文学科
社会科　理学科　数学科　複合文化学科
【社会科学部】社会科学科 **【国際教養学部】**国際教養学科
【法学部】【商学部】

大隈重信銅像

高さ約295センチの立像でガウン姿。昭和7年10月17日、大学創立50周年記念祭と大隈重信の10回忌を兼ねて造られました。制作者は個人的にも重信と親交があった彫刻家の朝倉文夫です。

早稲田大学出身の総理大臣

第55代内閣総理大臣　石橋 湛山
第74代内閣総理大臣　竹下 登
第76、77代内閣総理大臣　海部 俊樹
第84代内閣総理大臣　小渕 恵三
第85、86代内閣総理大臣　森 喜朗
第91代内閣総理大臣　福田 康夫
第95代内閣総理大臣　野田 佳彦

市長、知事

橋下 徹（前大阪府知事・現大阪市長）
東国原 英夫（前宮崎県知事）など

芥川賞受賞者（直近の5人）全27人

磯崎 憲一郎「終の住処」
伊藤 たかみ「八月の路上に捨てる」
絲山 秋子「沖で待つ」
綿矢 りさ「蹴りたい背中」
堀江 敏幸「熊の敷石」　など

この他の著名人

北原 白秋（詩人）
江戸川 乱歩（小説家・推理作家）
山田 太一（脚本家）
橋田 壽賀子（脚本家）
田原 総一朗（ジャーナリスト）
筑紫 哲也（ジャーナリスト）
久米 宏（キャスター）
松平 定知（キャスター）
乙武 洋匡（作家）など

所沢キャンパス

所在地 埼玉県所沢市三ヶ島2-579-15
アクセス 西武池袋線「小手指」バス

【人間科学部】人間環境学科 健康福祉科学科 人間情報学科
【スポーツ科学部】スポーツ科学科

早稲田キャンパスから電車とバスで約1時間半の所にキャンパスがあります。織田幹雄記念陸上競技場や野球場などのスポーツ施設が充実しており、他3つの早稲田キャンパスとはまた違う一面を感じることができます。

早稲田祭

年に1度、11月の2日間、早稲田キャンパスと戸山キャンパスで催されます。学生団体の企画は約400以上あり、約15万人の来場者で賑わいます。早稲田にかかわる人々が交流しあえる場をコンセプトとしているので、受験生にとっては早稲田を体感できるまたとない機会。中学生のみなさんもぜひ一度足を運んでみてはいかがでしょうか。

サークル

早大のサークルは「学生の会159団体」、「同好会278団体」、「地方学生の会9団体」、「学術院承認団体110団体」、「学外NPO等に所属する団体4団体」と5つの公認団体で構成され、その数は560にもなります。公認以外を合わせると1000を超えると言われ、やりたいものはなんでもあると言っても過言ではありません。授業よりもまずはサークルといった学生もいるとか。

校　歌

校歌「都の西北」、応援歌「紺碧の空」を熱唱する学生をイメージする人も多いでしょうが、じつは理工学部の学生などまったく知らない学生も多数いるそうです。校歌を知っている学生は、附属高校時代に早慶戦の応援の影響で自然に覚えた人が多いよう。ちなみに早大高等学院の校歌は大学と同じです。

戸山キャンパス

所在地 東京都新宿区戸山1-24-1
アクセス 地下鉄東西線「早稲田」徒歩3分、
副都心線「西早稲田」徒歩12分、
JR山手線・西武新宿線「高田馬場」徒歩20分

【文化構想学部】文化構想学科 **【文学部】**文学科

早稲田キャンパスとの距離も近く、学生の行き来は活発。他の学部と比べて、女子学生の比率が高いキャンパスです。

学生会館

カフェテリアやラウンジなどの施設のほか、学生を支援する学生生活科やキャリアセンターがあります。また、地下2階にはトレーニングセンターもあり、登録料を支払えば利用可能です。

西早稲田キャンパス

所在地 東京都新宿区大久保3-4-1
アクセス 地下鉄副都心線「西早稲田」徒歩0分、
JR山手線・西武新宿線・地下鉄東西線「高田馬場」徒歩15分

【基幹理工学部】数学科 応用数理学科 情報理工学科
機械科学・航空学科 電子光システム学科 表現工学科
【創造理工学部】建築学科 総合機械工学科
経営システム工学科 社会環境工学科 環境資源工学科
【先進理工学部】物理学科 応用物理学科 化学・生命化学科
応用化学科 生命医科学科 電気・情報生命工学科

シンボル的な存在の18階建ての51号館など、最先端の研究に対応できる施設が備わっています。

スポーツ界

●サッカー
川淵 三郎（現日本サッカー協会名誉会長）
釜本 邦茂（元サッカー日本代表・現日本サッカー協会顧問）
岡田 武史（前サッカー日本代表監督・現杭州緑城監督）
加藤 久（元サッカー日本代表・現JFA復興支援特任コーチ）
相馬 直樹（元サッカー日本代表・現川崎フロンターレ監督） など

●野球
岡田 彰布（現オリックス・バファローズ監督）
青木 宣親（現ミルウォーキー・ブルワーズ野手）
和田 毅（現ボルチモア・オリオールズ投手）
鳥谷 敬（現阪神タイガース野手）
斎藤 佑樹（現日本ハムファイターズ投手） など

●オリンピック選手
福原 愛（卓球日本代表）※スポーツ科学部中退
荒川 静香（フィギュアスケート）
村主 章枝（フィギュアスケート）
荻原 次晴（スキーノルディック複合）
荻原 健司（スキーノルディック複合）
ヨーコ・ゼッターランド（バレーボール）など

●その他
増保 輝則（元ラグビー日本代表）
佐藤 琢磨（元F1ドライバー） など

早稲田渋谷シンガポール校は省略させていただきます。

早稲田佐賀高等学校 共学校

所在地　佐賀県唐津市東城内7-1
TEL　0955-58-9000
URL　http://www.wasedasaga.jp/
アクセス　JR線「唐津」スクールシャトルバス、徒歩15分

生徒数（12月末現在）	制　服
271名	あり

入試傾向（2012年度）

★一般入学試験
【募集人員】男女合わせて120名（※推薦・帰国生を含む）
【選抜方法】筆記試験（英語・数学・国語・社会・理科）
★推薦入学試験
【募集人員】募集分類各系（学力系推薦・体育系推薦・芸術系推薦）それぞれ若干名
【選抜方法】1次試験：書類選考
2次試験：学力系推薦→筆記試験（英語・数学・国語）、面接。
体育系推薦・芸術系推薦→課題小論文、面接。
【受験資格】
●学力系推薦→中学1年から中学3年10月末までの9教科の5段階評定平均値が4.5以上とする。欠席日数が各学年原則7日以内で、欠席理由が明確な者。中学校において学業とともに学業以外の分野に挑戦した者。
●体育系推薦→中学1年から中学3年10月末までの9教科の5段階評定平均値が4.2以上とする。欠席日数が各学年原則7日以内で、欠席理由が明確な者。野球や陸上競技で都道府県大会上位入賞チームの主力選手、または個人として優れている者。野球や陸上競技以外のスポーツでも競技力・学力・人物などにおいて、とくに優れていると判断した者。
●芸術系推薦→中学1年から中学3年10月末までの9教科の5段階評定平均値が4.3以上とする。欠席日数が各学年原則7日以内で、欠席理由が明確な者。吹奏楽部門と弦楽部門で都道府県大会、または同レベルのコンクールにおいて上位入賞もしくは入賞チームに所属した個人で優れた能力を有する者。吹奏楽部門や弦楽部門以外でも演奏力・学力・人物等において能力を有する者。（平均3.5）以上とする。ただし、評定1は含まない者。各学年における欠席日数が7日以内の者で、欠席理由の明確な者。
★帰国生入学試験
【募集人員】男女合わせて若干名
【選抜方法】筆記試験（英語・数学・国語）、面接

校外活動

1年次は大分県・九重高原において2泊3日の新入生オリエンテーション。さらに、唐津湾でヨットの乗船体験、茶華道体験を通して日本の伝統文化に触れます。2年次は、ロンドン・バンクーバー・シドニー・北京などから各自選択する海外修学旅行です。

早稲田摂陵高等学校 共学校

所在地　大阪府茨木市宿久庄7-20-1
TEL　072-643-6363
URL　http://www.waseda-setsuryo.ed.jp/
アクセス　阪急電鉄「茨木市」「北千里」スクールバス、JR線「茨木」スクールバス、大阪モノレール彩都線「彩都西」徒歩15分

生徒数（1月24日現在）

708名

制　服

男子　ストライプが入ったネイビーブルーの詰襟タイプ。

女子　赤いリボンのセーラー服にネイビーブルーのジャケット。スカートはチェック。長ズボンもオプションで選択可能です。

入試傾向（2012年度）

★一般入学試験
【募集人員】男女合わせて180名（普通科A→男女合わせて90名、普通科B→男女合わせて60名・普通科吹奏楽コース→女子30名）

【選抜方法】
普通科A　●一般型→筆記試験（英語・数学・国語・理科・社会）
●活動実績型→筆記試験（英語・数学・国語）、活動実績、面接
●帰国生型→筆記試験（英語・数学・国語）、小論文、面接
普通科B　●一般型→筆記試験（英語・数学・国語・理科・社会）
普通科吹奏楽コース　筆記試験（英語・国語）、実技試験、面接

早稲田大学への進学実績（2011年3月卒業生）

7名

校外活動

1～3年次まで各学年ごとに生徒たちで行き先を決める校外活動があります。2年次に早稲田大学海外提携校がある都市への海外研修旅行があり、過去にはスイス、オーストラリアなど、学年の希望に合わせて訪問先を選択します。

留学・国際交流

スイスのツーク州での研修では、希望者対象に夏季期間1週間の海外研修を体験し、さらに学びたいと希望する生徒には、2週間の研修を提供しています。また、ギムナジウムからの留学生を受け入れ、学校間の交流を深めています。

早稲田実業学校高等部

共学校

所在地 東京都国分寺市本町1-2-1
TEL 042-300-2121
URL http://www.wasedajg.ed.jp/
アクセス JR中央線・西武線「国分寺」徒歩7分

生徒数（1月20日現在）

1179名

制 服

男子 <冬服>黒の詰め襟タイプの学生服
<夏服>清潔感ある白シャツ

女子 <冬服>紺を基調としたセミダブルのジャケットタイプ。シャツは清潔感ある白で、胸元のアクセントとしてストライプ（紺色）のリボン。
<夏服>清潔感ある白シャツ（学校指定の紺のベストやセーターを併せて着用も可）。

早稲田大学への進学実績

（2011年3月卒業生）

合計 **382名** 内部進学率 **98%**

政治経済学部	45名
法学部	33名
文化構想学部	21名
文学部	12名
教育学部	52名
商学部	50名
基幹理工学部	36名
創造理工学部	25名
先進理工学部	33名
社会科学部	50名
人間科学部	4名
スポーツ科学部	10名
国際教養学部	11名

入試傾向（2012年度）

★一般入試
【募集人員】男女110名（男子69名、女子41名）
【選抜方法】筆記試験（英語・国語・数学）

★推薦入試
【募集人員】男女合わせて60名
（スポーツ分野・文化分野50名、指定校10名）
【選抜方法】課題作文・面接
【受験資格】スポーツ分野や文化分野での大会やコンクール、展覧会等で優秀な活動実績をもち、人物的にも優秀である者。中学1年から中学3年12月末までの全必修教科の5段階評定の合計が94（平均3.5）以上とする。ただし、評定1は含まない者。 各学年における欠席日数が7日以内の者で、欠席理由の明確な者。

留学・国際交流

夏休み期間中に希望者対象のカナダ海外研修を行っています。

校外活動

2年次に3泊4日で滋賀・京都・兵庫・岡山・広島を研修地域とする関西・山陽校外教室。

卒業生が語る

早稲田実業学校高等部卒業
早稲田大学文化構想学部3年
佐藤 美沙杜（さとう みさと）さん

校是である去華就実の学校

私の場合は中学受験で、はじめは中高一貫校を志望していて、女子校に行くつもりで受験勉強をしていました。しかしあるとき「早稲田実業は系属校で大学まで進めるからいいんじゃないの」と親から言われて早稲田実業に決めました。当初、学力的に早稲田実業に追いついてなかったのですが、頑張りました。

校則は厳しかったですね。染髪はもちろん、いまは髪の毛が肩についたらダメで、結わなければいけないはずです。私のころより厳しくなったと聞いています。携帯や音楽プレーヤー、マンガも持ってきてはダメでした。携帯が見つかると2週間くらい没収されます。厳しいとは聞いていたのですが、そこまでとは…。もちろんアルバイトもダメでした。

そして大学に入って、中高時代の抑制から解き放たれると、なにをしていいのか混乱しましたね（笑）。

部活動は盛んで、私は6年間弓道部に所属していました。武道なので、こちらも厳しかったです。

学校の行事では体育祭といなほ祭（文化祭）が10月の1週間に集中してあり、直前から学内はかなり盛りあがります。受験がないので3年生も参加して劇をしたり飲食のお店などを出していました。

高校2年のグループでの校外教室では3泊4日で神戸、大阪、京都に行きました。そのうちの半日は現地の会社を訪問し、後日レポートにして提出します。私たちは日清食品に行き、ご当地のカップ麺をたくさん貰ったことが一番いい思い出です（笑）。

大学の進学学部決定では、定期テストとは別に、3年生の5月と10月の2回の学力試験が重要になるので3年生になると受験ほどではないですがみんな勉強しますね。この試験の1回ぶんが3年間の成績と同じくらいの比重を占めます。12月の中間試験までが大学進学の成績になるので、年明けからは自由になります。

早稲田大学高等学院

男子校

所在地　東京都練馬区上石神井3-31-1
TEL　03-5991-4151
URL　http://www.waseda.jp/gakuin/
アクセス　西武新宿線「上石神井」徒歩7分

生徒数（1月20日現在）

1593名

制服

黒の詰め襟タイプの学生服があるが、着用の義務なし。

早稲田大学への進学実績
（2011年3月卒業生）

合計 606名　内部進学率 99%

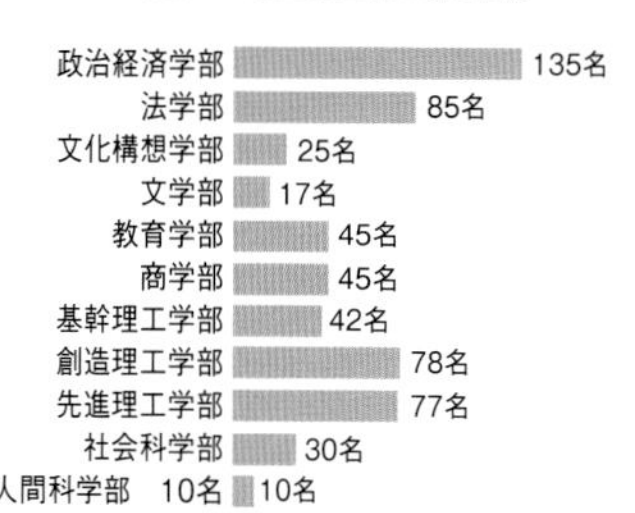

入試傾向（2012年度）

★一般・帰国生入学試験
【募集人員】男子320名（帰国生20名を含む）
【選抜方法】筆記試験（英語・国語・数学・小論文）

★自己推薦入学試験
【募集人員】男子160名
【選抜方法】面接
【受験資格】中学3年2学期の9教科の成績合計が5段階評定で40以上の者。3年間の欠席合計が30日以内とする。ただし、30日を超えていても正当な理由がある場合、出願資格を認めることもある。

留学・国際交流

英国スコットランドにある名門校マーキストン・カースル・スクールとの交換留学を行い、毎年1名の生徒が1年間留学しています。また、夏休みには、希望者対象にオーストラリアへの約3週間の海外研修を行い、ホームステイを体験しながら現地の高校での授業に参加しています。

ドイツ政府高校生招聘事業の一環として、ドイツ語履修者のなかから数名が夏季休暇を利用し、ドイツへ短期留学を実施。その他、AFS、YFUなどの諸機関を利用し、多数の生徒が学院在学中に留学を経験しています。

校外活動

1年次は河口湖方面、2年次は白樺湖方面で2泊3日の校外活動。

卒業生が語る

吉井 雄太（よしい ゆうた）さん
早稲田大学高等学院卒業
早稲田大学商学部3年

やりたいことに熱中できる場所

はじめは都立高校が第一志望だったのですが、両親から「大学受験をしない早大や慶應大の附属高校に行けるならそれでもいいよ」と言われたのがきっかけで附属高校を受験しました。

双子の弟が慶應義塾高校に進学を決めて、自分も合格していたのですが、一緒になるのが嫌だったので自分は早大高等学院に進学することを決めました。

校則も制服もないんですが、中学のころの詰め襟を着ていた生徒が多かったですね。それは男子校だったからかもしれません。

学校行事で一番盛りあがるのは学院祭でしたね。都内の文化祭では一番の来場者があるみたいです。

早大高等学院の特色として1年生から必修で第二外国語を選択しなければいけません。ドイツ語、フランス語、ロシア語、中国語のなかから1つを入学時に選択し3年間学びます。自分はフランス語を選択して、そのまま大学の第二外国語でもフランス語を選択しました。大学で初めて第二外国語を勉強するよりは、高校でやっていたぶん、みんなより進んでますね。でもなかに大学では違う第二外国語を選択する友だちもいました。

早大への進学方法は、3年間の定期テストの成績上位者から大学の志望学部を選択していきます。

卒業するためには、3年次に1万2000字程度の卒業論文を書かなくてはいけません。いままで論文を書いたことがないのでつらかったです。

学校生活では大学受験がないぶん、部活に集中できるため、自分はグラウンドホッケー部に入って、打ち込んでいました。グランドホッケー部は都内に4校しかないので、2回勝って優勝しました。そして関東大会では5位に入りインターハイにも行けました。早大高等学院のクラブ活動はかなり種類が多く熱いですね。

早稲田大学本庄高等学院

共学校

所在地 埼玉県本庄市西富田1136
TEL 0495-21-2400
URL http://www.waseda.jp/honjo/honjo/
アクセス JR高崎線「本庄」スクールバス、上越新幹線「本庄早稲田」徒歩10分

生徒数 (1月20日現在)

1002名

制服

自由

留学・国際交流

北京大学附属中学校（中国）と修学旅行での交流や訪日グループの受け入れを行っています。また、近年はアジア各国の高校と交流協定の締結を進め、修学旅行での相互訪問や生徒同士の共同研究を行っています。米国、台湾、日韓高校生交流キャンプ（日韓経済協会主催）など学外の交流研修企画にも例年参加してます。

早稲田大学への進学実績 (2011年3月卒業生)

合計 **320名** 内部進学率 **99%**

政治経済学部	70名
法学部	42名
文化構想学部	16名
文学部	21名
教育学部	28名
商学部	29名
基幹理工学部	28名
創造理工学部	22名
先進理工学部	31名
社会科学部	15名
人間科学部	1名
スポーツ科学部	4名
国際教養学部	13名

校外活動

3年次に行き先を中国（北京）・韓国・台湾の3コースから選べる5泊6日の修学旅行

入試傾向 (2012年度)

★一般入学試験
【募集人員】男女約180名（男子約115名、女子約65名）
【選抜方法】第1次試験:筆記試験（英語・数学・国語）
第2次試験:面接

★α選抜（自己推薦入学試験）
【募集人員】男女約70名（男子約55名、女子約15名）
【選抜方法】第1次試験:書類選考
第2次試験:面接

【受験資格】中学1年から中学3年2学期末までの9教科の成績合計が5段階評定で115以上とする。ただし、各学年における9教科5段階評定に1または2を含まない者。中学校入学後の欠席日数の合計が30日以内とする。けが、疾病などによる長期欠席がある場合は、欠席日数が30日以上でも出願を認めることがある。

★帰国生入学試験
【募集人員】男女20名（男子約15名、女子約5名）
【選抜方法】第1次試験:筆記試験（英語・数学・国語）
第2次試験:面接

★I選抜（帰国生自己推薦入学試験）
【募集人員】男女約20名（男子約15名、女子約5名）
【選抜方法】第1次試験:書類選考
第2次試験:基礎学力試験（数学・国語）、面接

卒業生が語る

早稲田大学本庄高等学院卒業
早稲田大学商学部3年
岡戸悠悟（おかどゆうご）さん

千差万別の人がいる学校

中学3年生から塾に入って受験勉強を始め、親から大学の受験勉強は大変だから、附属校に行ってみたらと言われたのがきっかけで早大本庄を受験しました。

附属高校では慶應義塾と早大高等学院と早大本庄のなかから、部活がしたかったので、家から一番近い早大本庄を選択しました。

早大本庄は校則もなくて服装も自由でしたね。法に触れること以外ならなんでもOKでした。

学校行事で一番盛りあがったのは、稲稜（とうりょう）祭ですね。毎年近隣の高校生がたくさん来て盛りあがります。文化祭実行委員をしていたときに、自分のクラスでトトロ喫茶を催して、女の子がいっぱい来てくれたのがいい思い出ですね（笑）。

自分の代が男子校最後の年で、下の学年から共学になりました。やはり女子が入ることで学校の雰囲気が変わりましたね。その影響もあってか、稲稜祭の来場者にも変化がありました。

3年次の修学旅行は台湾、韓国、沖縄のなかから選択でした。自分は沖縄を選択して、美ら（ちゅ）海水族館や離島などに行きました。自由行動ばかりで楽しかったです。

早大に進学する条件としては、卒業論文と3年間の成績をもとに成績上位者から、本人の希望を踏まえ大学の学部が決まります。

卒業論文は自分の興味があることなら題材はなんでも構いません。2万字以上の論文を書くことに慣れていなかったので、けっこう厳しかったですね。

高校からの友だちは、写真部の部長を務めながら雑誌の写真のアルバイトをしていたり、作家になりたくて高校のときから文章を書いたりしている友だちもいました。いま思えば早大本庄には幅のあるさまざまな友だちが結構いましたね。

もうすぐ新学年になるみんなに、もっと勉強が楽しくなるような雑学を教えるよ。今月は理系編だ。おっと、理系分野が苦手なそこのキミ。そんなに堅苦しい話じゃないから読み飛ばさず、とりあえず肩の力を抜いて読んでみてはどうかな。

完全数

完全数とは、ある数の約数（割り切れる数のこと）のうち、その数自身以外の約数を足すと、その数になる数のことを言うよ。どういうことかというと…

6の約数は1、2、3、6の4つ。
そのうち、6以外の数字を足す。すると、
1+2+3=6
となる。

これは最も小さい完全数だ。このあと、28、496、8128…と続いていき、これまでのところ47個の完全数が発見されている。あまりにも数が大きいため、現在はコンピューターを使わないと調べられなくなっている。いくつあるのか、ということ以外にも、末尾が6、8以外の数字があるのか、奇数の完全数があるのか（これまでは末尾が6と8の完全数しか見つかっていない）といったところも謎のままなんだ。

また、この完全数のように、約数の和で特徴付けられる数の１つに「友愛数」がある。これは、異なる２つの自然数の約数のそれぞれの和（その数自身は除く）が、相手の数と同じになる組み合わせのことだ。

現在知られている40組のなかで一番小さい組み合わせが220と284で、それぞれの約数を足すと

220の約数
1+2+4+5+10+11+20+22+44+55+110=284
284の約数
1+2+4+71+142=220

となる。どうだろうか。すごいよね。ほかにも社交数、不足数、過剰数などいろいろなものがあるよ。

黄金比

「黄金比」という言葉を聞いたことがあるかな？　これは、「人間にとって最も美しい比率」なんて言われることもある縦と横が $1:\frac{1+\sqrt{5}}{2}$（1：1.618 ‥‥）(約5：8）になる比のことだ。

それがなんだと思うかもしれないけれど、じつはこの黄金比は、本や名刺、クレジットカード、タバコの箱などさまざまなところで使われているんだ。

とくにヨーロッパでは、古くから美しい長方形として親しまれ、パリの凱旋門やギリシャのパルテノン神殿、ミロのビーナス像などにもこの比率が使われている。

これと似たような安定した比率として、「白銀比」というものもある。これは2つあって、１つは$1:1+\sqrt{2}$（約5：12）で、黄金比と同じ「貴金属比」と呼ばれる比率の仲間だ。

また、もう1つ、$1:\sqrt{2}$（約5：7）という比で、これは日本において古くから美しいとされてきた比率なんだ。法隆寺の五重塔や、銀閣などの歴史的建造物や、用紙サイズ（A版やB版）がこの比率で作られている。

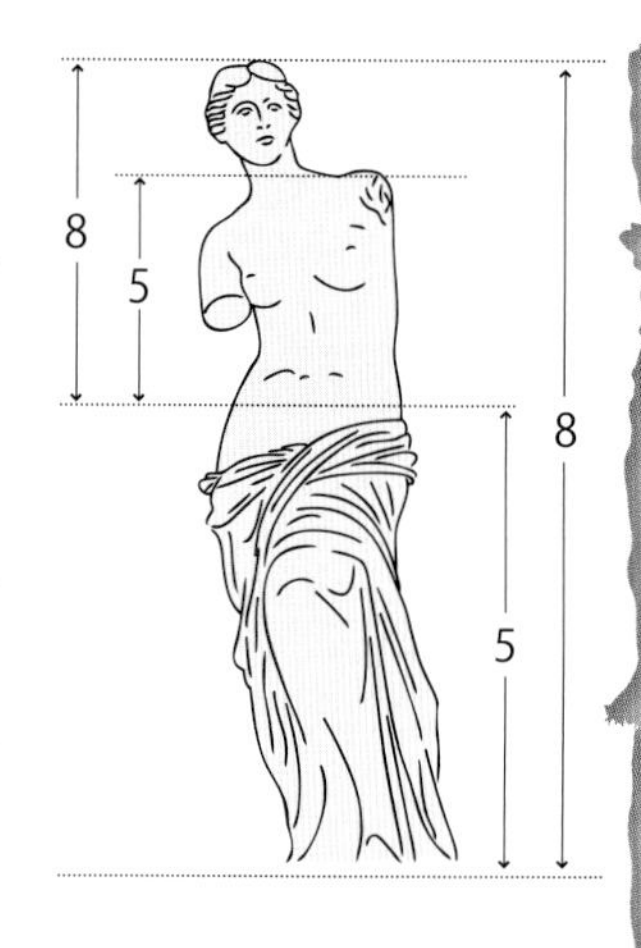

フィボナッチ数列

ある一定の規則に従って並んだ数のことを数列という。

この数列にはさまざまな法則性を持ったものがあり、その1つとして有名なのが「フィボナッチ数列」だ。

これは、0、1から始まり、隣り合う2つの数を加えると、次の数になるという性質がある数列のことで、中世イタリアの数学者レオナルド・フィボナッチが、アラビア数学をヨーロッパに紹介した書物『算盤の書』のなかにあったものだったため、彼の名前がついたそうだ。

0、1、1、2、3、5、8、13、21、34、55、89、144、233、377…

また、この数列の隣り合う２つの数の比を見比べていくと、なんと上で説明した「黄金比」（1：1.618…）に近づいていくという性質もあるんだ。

隣り合う2つの数の比	$\frac{1}{1}$	$\frac{1}{2}$	$\frac{2}{3}$	$\frac{3}{5}$	$\frac{5}{8}$	$\frac{8}{13}$	$\frac{13}{21}$	$\frac{21}{34}$	…
2つの数の比の値	1	2	1.5	1.666…	1.6	1.625	1.615…	1.619…	…

さらにこの数列は、花びらの枚数やひまわりの種子の数、松ぼっくりの松かさの数など自然界にも多く見られると言われている。とても不思議なこの数列と自然の関係。ぜひ一度自分で調べてみよう。思わぬ発見があるかもしれないぞ。

勉強が楽しくなる雑学！【理系編】

トーナメントの試合数は？

「サクセス杯争奪野球勝ち抜きトーナメントが開かれ、全国から1483の中学校が参加しました。さて、優勝チームが決まるまでの試合数は何試合でしょう。」

この問題、みんなならどう解く？

正解は1482試合。そう、参加チームから1を引いた数が正解になるんだ。優勝したチームが1483チームの頂点に立つとすると、「1試合ごとに1チームが負けていく」と考えることができるね。そうすると、優勝する1チームを決めるためには、

参加チーム－1

という試合数が必要になるわけだ。

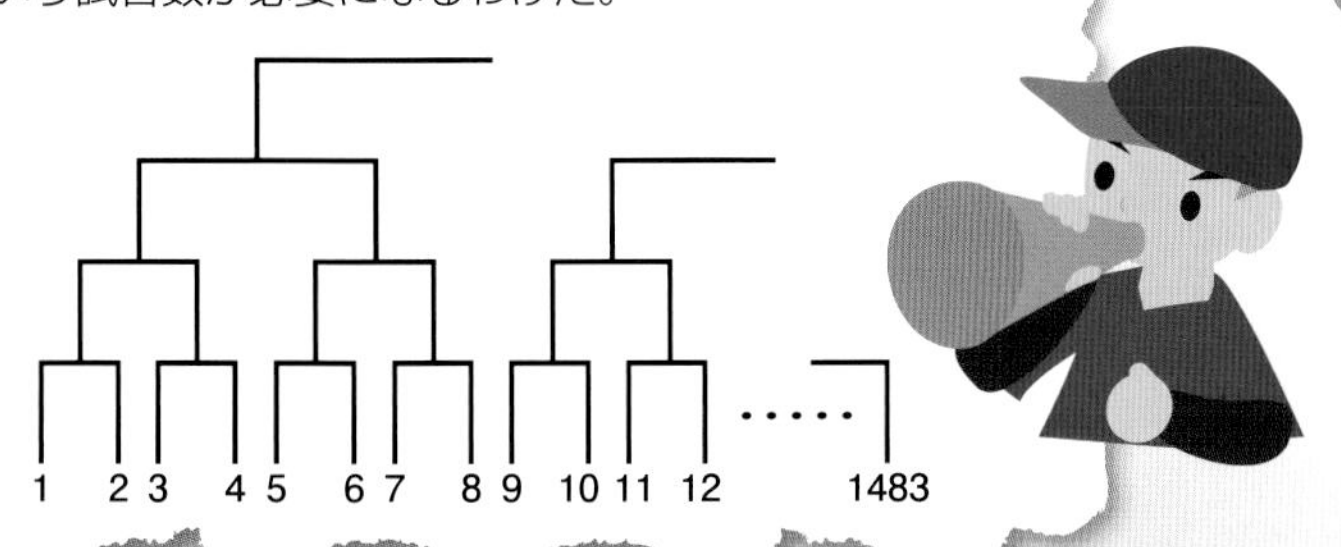

最大公約数の簡単な求め方

2つの数に共通する約数を「公約数」というね。そのなかで最も大きい公約数が「最大公約数」だ。この最大公約数を簡単に求める方法がある。

知っている人は読み飛ばしてくれていいし、知らない人はぜひ読んでみてほしい。

例えば5と15の最大公約数は「5」だね。これは簡単だ。では、1450と2407の最大公約数は？　と言われたらどう考える？　こんなときに使うのがこの計算式だ。大きい方の数（2407）を小さい方（1450）で割り、その余り（957）で、先ほどの小さい方（1450）を割り、…ということを繰り返していくと、最後に必ず割り切ることができる。そのときに最後に割った数が最大公約数になるんだ。ではやってみよう。

2407÷1450＝1…957
1450÷957＝1…493
957÷493＝1…464
493÷464＝1…29
464÷29＝16

というわけで正解は29。これを「ユークリッドの互除法」と言い、紀元前3世紀ごろのエジプトの数学者ユークリッドが書いた数学書に書かれていたことから名付けられたんだ。

天才数学者・ガウス

「1から100までの数字をすべて足すといくつになるか答えよ」。

こんな問題を見たことがあるよね。1つずつ足していってもいいんだけど、最初と最後の数字を足して、その数を一番大きい数字の半分の数でかけると簡単に答えを出すことができる。

1＋100×50＝5050　という具合だ。

この計算方法で有名なのが、18～19世紀最大の数学者の1人とも言われるドイツ人のガウスだ。彼は、小学生のときに、この問題を教師に出されたが、あっという間にこの計算方法から答えを導き出し、教師を驚かせたという逸話が残っている。

そんなガウスは、近代数学のほとんどの分野に影響を与えたと言われるほど。多くの研究結果を残したんだけれど、彼の能力は数学だけには留まらず、物理学、天文学でも数々の功績を生み出した。

これからみんなが理系分野の勉強を続けていけば、どこで「ガウス」の名前を目してもおかしくない。それぐらいすごい人の名前、覚えておいて損はないぞ。

数学と音楽

数学と音楽。一見あまり関係がなさそうだよね。でも、意外にも、有名な数学者が音楽の重要な部分に関わっていたりするんだ。

最も有名なのは「ピタゴラスの定理」などで知られるピタゴラスが考えだしたと言われている「ピタゴラス音律」だ。音律とは、1オクターブのなかに音を一定の間隔で配列したもののことで、ピタゴラス音律は15世紀後半までヨーロッパ音楽の全般で使われていたそう。

また、オイラーやケプラー（知らない人は調べてみよう）といったやはりヨーロッパを代表する数学者、天文学者もその名前がつけられた音律を作り出していたりする。

数学というのは、1つの答えに向かっていく厳密な学問だというイメージがあるけれど、ときには問題を解くのに直感がカギになることもあると考えると、じつは数学と音楽には近い部分もあったりするのかもしれないね。

グレゴリオ暦(れき)って？

1年は365日で、4年に1度366日になる閏年(うるうどし)がある。みんな知ってるよね。いまの暦(こよみ)のことを「グレゴリオ暦」（当時のローマ教皇グレゴリウス13世がその研究を始めさせた）といい、当たり前のように使っているけど、この暦を使うようになって、じつはまだ430年しかたっていないんだ。

それ以前にヨーロッパで使われていたのは「ユリウス暦」というものだった。これも1年を365日、4年に1度366日にすること自体はいまと変わらなかったんだけれど、このままだと実際の季節とのずれが128年に1日出ることがわかっていた。そのため、このユリウス暦に「西暦の年数が100で割り切れて、かつ400では割り切れない年は閏年にしない」というルールを設けて、より実際の季節とのズレを小さくしたのが現在のグレゴリオ暦なんだ（いまも以前のユリウス暦を使っている国はある）。

ちなみに、日本はこのグレゴリオ暦を1873年（明治6年）から採用。それまで太陰暦を使っていたから、日にちのズレを調整する必要があり、結果、1872年（明治5年）12月3日がいきなり1873年1月1日になったんだ。

アルキメデスと黄金の王冠

古代ギリシアで最も有名な科学者の1人にアルキメデスがいる。「アルキメデスの原理」などで知られ、数学、物理学、天文学などさまざまな分野で優れた業績を残した人物だ。

そのアルキメデスの逸話として知られるものに「黄金の王冠」の話がある。ある日、黄金で作らせた王冠に職人が銀を混ぜてごまかしていないかを、アルキメデスに確かめるよう王様が依頼した。密度を調べれば簡単だが、そのためには王冠を溶かさなければならない。それはできないので、どうしようかと考えていたアルキメデスは、自分がお風呂に入っているときに、自分が浴槽に入ると水面が高くなることに気づいた。そこで、王冠を浴槽に入れれば同じ体積分の水面が上昇し、王冠の体積を量ることができると考えたんだ。その体積と王冠の重さから密度がわかるね。この密度を同じ重さの純金の密度と比べて、もし低ければ銀が混ざっていることになる。このことに気づいたアルキメデスは「エウレーカ！」（ギリシャ語で「分かったぞ」という意味）と叫びながら浴槽から飛び出したと言われているんだ。

この逸話、本当だったかはわからないし、科学的に厳密にみると不確かな要素もあるため、実際には別の方法で解決したのではとも言われている。

でも、当時の大科学者が、お風呂から「わかったぞ！」って叫びながら飛び出してくるところを思い浮かべると、急に親近感が湧いてくるよね。

形状記憶合金

元の形の記憶を持つ金属のことを形状記憶合金と言うんだけど、聞いたことはあるだろうか。これは素材を組み合わせて作ることから「合金」と言われるんだ。

最も一般的なのは、チタンとニッケルを合わせて作るもので、これによって作られたものは、例えば一度くしゃくしゃにしてしまっても、ある一定以上の温度で温めると元に戻るという特性を持つんだ。この特性を活かしたものの1つとして、月面探査機のアンテナがある。あのおわんみたいな形をしたアンテナだ。このアンテナは普通なら運ぶのにもとても場所をとってしまうけれど、この形状記憶合金で作られたアンテナは、たたんで月まで持っていき、そのあと月面で太陽の温度で元の形に戻して使うことができるそうだ。折りたたまれたアンテナが月面で元に戻っていく姿を想像すると、なんだか不思議な感じがするね。

トカゲの尻尾切り

会社などの組織で都合の悪いことや困ったことが起きたときに、自分の部下など下の立場の人のせいにしたり、責任をなすりつけたりして自分自身や組織自体が逃れることを日本では「トカゲの尻尾切り」と言う。

この言葉の由来は、トカゲが危険を感じたときに自分の尻尾を切って逃げることから来ているのだけれど、これは例えではなくて、本当のことなんだ。

トカゲは自分が敵に襲われたりして身の危険が迫ると、自分の意志で尻尾を切断できる。しかも、そのあと切られた尻尾は少し動き回ることで相手の注意をひき、そのスキに本体が逃げるんだね。

ちなみに、そのあとに尻尾が生えてくるものもいれば、生えてこない種類もいる。また、「尻尾切り」自体を行わないトカゲもいるそうだ。

摂氏と華氏

温度を表す単位は知っているよね。摂氏（℃、セルシウス度）だ。「お湯の温度は40℃だ」とか「今日の気温は摂氏20度だ」といった感じで使う。でも、じつは温度の表し方はこの1つだけではないんだ。そのうち、もう1つ有名な温度を表す単位があることを知っているかな？ これを華氏（°F、ファーレンハイト度）と言い、おもにアメリカなどで使われている。ドイツの物理学者ガブリエル・ファーレンハイトが1724年に提唱したために、彼の名前をとってこう呼ばれる。「華氏」は「ファーレンハイト」の中国語での音訳からきている。

摂氏と華氏、同じ温度を表す単位でも、その表す基準はかなり違いがあって、摂氏での20℃は華氏ではなんと68°Fになるんだ。ちゃんと計算する方法があって、

$F=\frac{9}{5}C+32$

$C=\frac{5}{9}(F-32)$

という式で求めることができる。

これを知っておけば、華氏を使っている国に行くことがあったときに、気温計などを見てビックリすることもなくなるね。

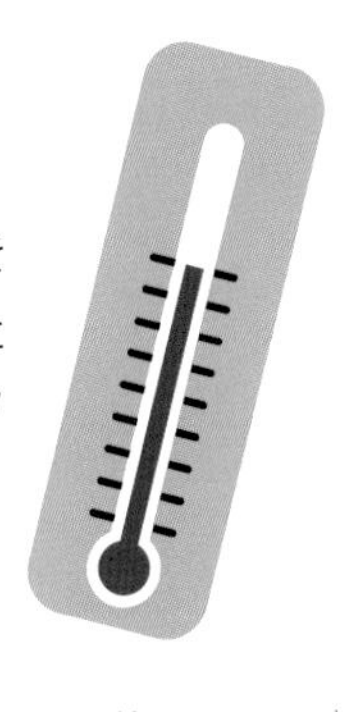

The University of Tokyo
Vol.013

text by Tommy

東大への近道

精一杯努力した自分を褒めよう

こんにちは。東大では2月末の2次試験（本試験）に向けての準備と、学生の期末試験などに向けて慌ただしい日々が続いています。

さて、前回は「振り返り」をテーマとして、各教科の現状を分析し、おもに苦手教科の克服に関してどのような戦略をとるのか考えましたね。今回はその完結編としてみなさんの振り返りを完成に導き、2012年度へとつなげていってほしいと思ってます。

今回のテーマは「得意科目の振り返り」についてです。多くの学生は苦手分野に関してはさまざまな対策を考えますが、得意教科になるといまのままで問題なしとしてしまいがちです。しかし私は、得意教科の振り返りこそ、苦手教科克服につながり、総合得点アップの鍵となると考えています。

得意教科は試験において得点源となる武器なのですが、だからこそ「もっと短時間で大きな成果をあげる手段」を考えるべきです。自分の勉強を振り返って、テスト前に得意教科ばかり勉強してしまい、全教科に手が回らないという経験がある人は多いのではないでしょうか。時間をかければある程度いい点数をとれて当たり前ですが、勉強時間には制限があります。テスト前は得意教科にほとんど時間を割かない状態を理想として、戦略を考えましょう。

ポイントはズバリ、日ごろの生活でテスト対策を済ませることです。まず、授業で習った範囲はその週で理解や暗記を済ませることをめざします。全教科これを実現するのは厳しいかもしれませんが、得意教科だけであればきっとできるはずです。つねに来週が試験本番という意識をもって、授業中から暗記や演習を繰り返しましょう。

テスト前には忘れている知識を確認する演習だけに留めます。1度理解した内容を振り返って確認するだけならば、時間はほとんどかかりません。こうして試験前の時間を確保して、苦手分野の勉強に注力しましょう。これは私の周りの多くの東大生が実践する勉強法でもあります。

これで苦手教科、得意教科の両方の振り返りと戦略の立て方についての説明は終わりますが、最後に1つ大切なポイントがあります。それは、戦略を立てるときはつねに目標を具体化するという点です。「○○を頑張る」という漠然とした目標では、達成したかどうか不明確になるため実現せずに終わる可能性が高くなります。点数や評定など、具体的な数字を目標に決めて、それを達成するための戦略も週に何時間、何ページという具合に具体的に立てるべきです。具体的な目標を立てる人ほど、的確な振り返りができるので、結果的に人より成長速度が速くなるのです。

そしてさらに大切なポイントは、この記事を読むだけで満足せずに必ず自分の状況に当てはめて実践することです。残念ながら計画の立て方は試験に出ません（笑）。しかし、みなさんの実践次第ではいまと同じ勉強量だとしても結果を大きく伸ばせる戦略だと思います。

振り返りの最後の最後は、自分を褒めてあげることです。振り返りをするとダメなところばかりを探しがちですが、それは成長したい気持ちの現れでもあります。自分が精一杯努力した結果ですから、自信を持って自分を褒めてください。

「喜びと感動」を与え人間力を磨く教育

SCHOOL EXPRESS

豊島岡女子学園（としまがおか）高等学校

東京都　女子校　私立

二木 謙一（ふたき けんいち）校長先生

創立120周年を迎える豊島岡女子学園。学習とクラブ活動を両輪とした教育には定評があり、国公立大学・難関私立大学への合格実績の伸びが顕著になっています。女子教育の伝統を守りつつ豊島岡女子学園の新たなる時代が始まっています。

School Data

		生徒数	女子のみ1084名
所在地	東京都豊島区東池袋1-25-22	TEL	03-3983-8261
アクセス	JR線ほか「池袋」徒歩7分　地下鉄有楽町線「東池袋」徒歩2分	URL	http://www.toshimagaoka.ed.jp/

創立以来女子教育を貫く伝統ある名門校

池袋駅東口から徒歩約7分のところに、豊島岡女子学園高等学校（以下、豊島岡女子）の瀟洒（しょうしゃ）な建物があります。

豊島岡女子は、1892年（明治25年）に河村ツネ先生（旧加賀藩士夫人）が牛込区下宮比町に私立女子裁縫専門学校を設立したのが始まりです。1898年（明治31年）に校舎を新小川町に移転拡張し、東京家政女学校と改称しました。そして1924年（大正13年）弁天町に牛込高等女学校が併設されました。

1940年（昭和15年）に、医学博士の二木謙三先生が第4代校長に就任されました。その年校舎が空襲で全焼し、1948年（昭和23年）に現在地に移転して豊島学園女子学園と校名を改め現在にいたります。

また、一貫して女子教育に努めており、2012年（平成24年）には、創立120周年を迎えます。

教育方針は「道義実践」「勤勉努力」「一能専念」で、人間が暮らすうえでの基本的なこととして唱えられています。そして、1948年以来続けられている「運針」は、朝8時15～20分まで集中力を養う心の鍛錬として行われています。努力目標として「予習をしよう」「気立てのやさしい女性に」「健康に注意しよう」を掲げています。

二木謙一校長先生は「本校では礼法の授業を行っています。私が武家儀礼や作法故実の知識を活かした礼法・マナーの歴史に関する講義をしています。あわせて、小笠原流の師範による和室と洋室での立ち居振る舞いの指導もしています。場にふさわしいマナーを身に付けた品位ある女性に成長してほしいからです」と話されました。

女子校としては珍しく理系の生徒が多いのが特徴

豊島岡女子学園高等学校は、3学期制で授業は1コマ50分です。月曜日～金曜日まで6時限あり、土曜日は第2土曜日以外が午前中4時限です。

中高一貫教育も行っており、高入生（2クラス90名）は中学から進学してくる生徒（中入生6クラス）とは、高3からいっしょのクラスになります。

高入生・中入生ともに、高2から卒業後の進路に合わせて文系・理系の2コースに分かれます。文系では、世界史Bを必修とし、日本史B、地理Bから1科目選択します。理系は化学を必修とし、物理、生物のどちらか1科目選択します。

高3からは次の3つのコースが設定されています。

①「文系Ⅰ（3教科型）」は、おもに国語・地歴・英語の3教科で私立大学の文系学部に進学していく生徒のためのコースです。

②「文系Ⅱ（5教科型）」は、おもに国公立大学の文系学部をめざす生徒のためのコースで、国語・地歴・英語のほかに数学と理科（化学・生物）の演習の時間が組まれています。

③「理系（医・歯・薬・理工）」は、英語と数学の演習は共通になっていますが、理科の演習科目の選択で細かく分かれます。

「本校は、理系の生徒が多いのが特色です。高2で文系3クラス、理系5クラス、高3で文系Ⅰ・文系Ⅱが3クラスで理系が5クラスという

海外語学研修

1、2年生の希望者でカナダとニュージーランドを訪問します。事前研修をし、約20日間ホームステイしながら英語の表現力や国際的な視野を広げます。

施設設備

入間にある体育館は大鳥のような未来への羽ばたきをイメージして造られ、収蔵庫の正倉は奈良の正倉院をイメージした校倉（あぜくら）造りになっています。また、小諸林間学校では夏期休業中にクラスごとに集団生活を体験します。

小諸林間学校

体育館

正倉

割合です」（二木校長先生）

数学と英語で 習熟度別授業を実施

豊島岡女子の習熟度別授業は、数学と英語で行われています。

数学は高3の理系クラスの数学Ⅲ（4単位）で実施されています。各クラスで取りあげられる例題や進度は異なることがありますが、定期考査は同一範囲、同一問題で行われます。習熟度別授業は、通常のクラスより少人数のクラス編成になります。

英語は高2の英語Ⅱ（4単位）と高3のリーディング（2単位）で実施されています。英語Ⅱでは標準・発展の2段階で編成され、英語Ⅱの教科書と長文問題集、それとクラスごとの特徴をふまえた補充プリントで学習します。高3のリーディングでも標準・発展の2段階に分かれます。高3の授業では、大学入試の演習問題が扱われ、ここでもクラス別のプリントが追加されています。

「いずれの学年も、学期ごとにクラス分けをし直しています。つまり、定期試験の結果によってクラス変更します。個々の学力の向上につながるように配慮しているのです」（二木校長先生）

漢字、英単語、数学等の月例テストが、朝のHRの5分間を使って、月1回ずつ実施されています。合格点が取れるまで追試験が行われるのは、基礎の積み重ねが重要とされているからです。「勤勉努力」の実践がここに見られます。

実力養成講座 夏期講習などが充実

高2の1学期から、放課後を使った実力養成講座が開講され、受験に向けて主要教科（英・数・国）を中心とした基礎学力の拡充・定着がめざされます。高3では、国公立大の2次試験への対策を中心に、受験に直結した実力をつけることを目標に6教科について行われます。

夏期講習は各学年で実施されています。高1では、とくに高入生を対象とした補習的な講習が設けられています。高2・高3では、1講座につき3日のスパンで行われています。高3では、3つの期に分けられ、基礎力の定着から入試問題演習までが組まれています。また冬期・直前講習もあり、センター試験や2次試験に向けて学力の完成がめざされています。「本校では各学年コース別にシラバスを作っています。実力養成講座にもアドバンスとスタンダードのシラバスがあります。夏期講習にもシラバスを生徒に与え、なにを

運動会

10月に入間総合グラウンドで、中高約1900名の生徒が一堂に会し紅白や学年別、クラス対抗に分かれ競います。

やるかを明確にして、申し込み制をとっています」（二木校長先生）

英語では授業時数が多く設けられ、ネイティブの教員が指導にあたるなど英語教育にも力が入れられています。図書館には約3万冊の蔵書のうち1500冊余りの洋書が備えられています。希望者には海外語学研修も用意され、カナダとニュージーランドでホームステイを体験できます。

創立120周年記念に 副読本を作成

東大や難関大学への合格実績には輝かしいものがあります。とくに国公立大学の医学部医学科への合格者が増加しています。それは豊島岡女子の教育指導がすばらしいものであることを証明しています。「生徒は1日の一番長い時間を学校で過ごします。学校に対して満足してもらうということは、生徒や保護者のかたに信頼してもらわなくてはいけませんし、生徒のいる環境にも満足してもらわなければいけないのです。それに対して、私が校長になってから学校内の組織を大幅に改革しました。スローガンとして『建学の精神の継承』『特色ある女子教育―より良き教育体制の確立』『喜びと感動を与える教育』を掲げ、その実践に努めております」（二木校長先生）

創立120周年記念事業として、副読本が作られています。生徒たちに4月から新たな教本が配られ、教科指導のさらなるレベルアップが図られます。「生徒たちには、『1つのことができればなんでもできるのだよ』と話しています。これは一能専念にもつながります。1つのことを一生懸命に集中してやれば、ほかのこともできるのです。本校では何事にも積極的にやる気持ちのある生徒さんを待っています。今後も高校募集を閉じるつもりはありません。ぜひチャレンジしてください」と、終始にこやかな笑顔で話される二木校長先生が印象的でした。

桃李祭（文化祭） 昨年は約1万3000人と多くの来場者で盛りあがりました。クラブの発表はもちろん、生徒たちが学校紹介ビデオを作成し説明しています。

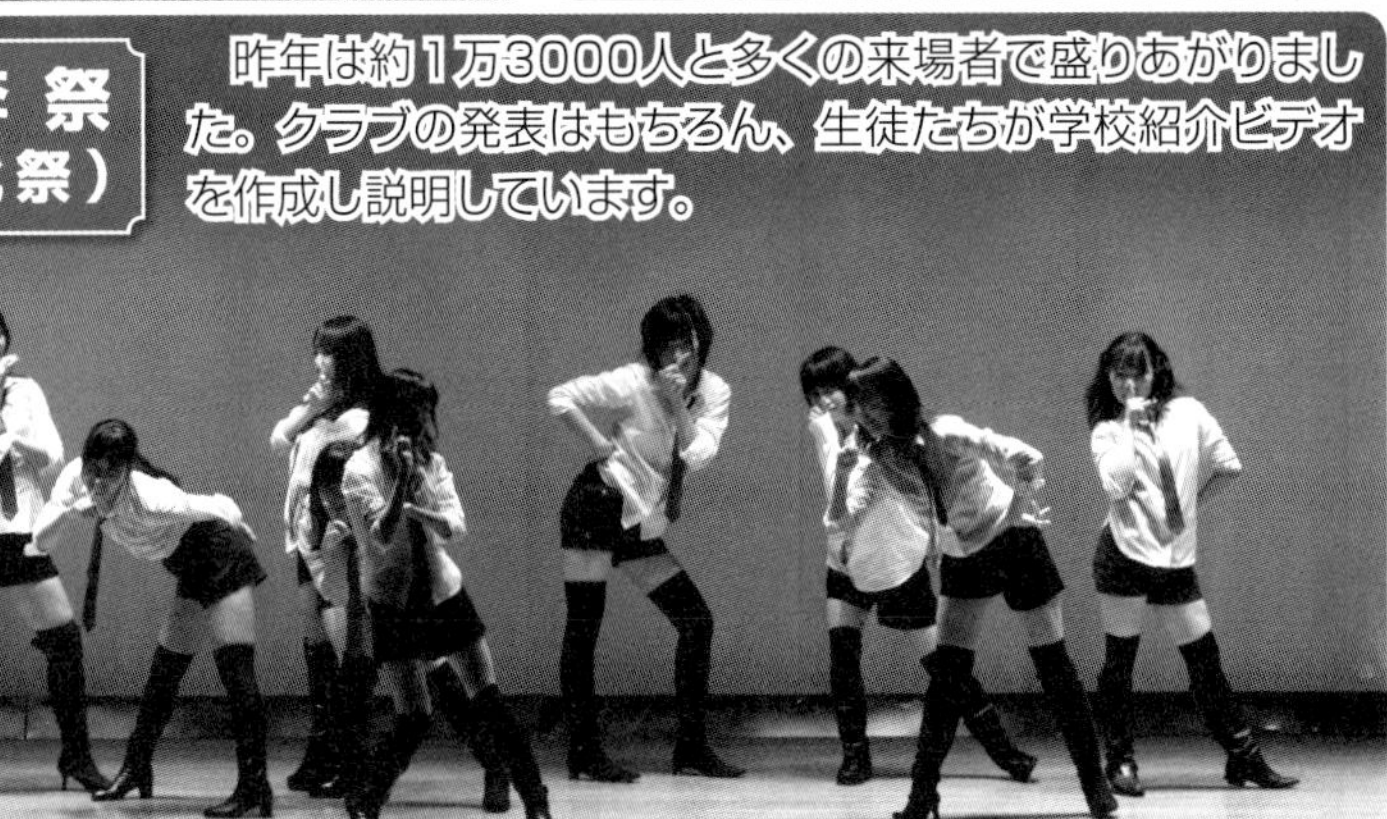

修学旅行 2年生の9月に、3泊4日で熊本城や長崎平和記念館などの北九州方面を訪れます。

平成23年度大学合格実績 （ ）内は既卒

大学名	合格者数	大学名	合格者数
国公立大学		私立大	
東北大	4(1)	早大	179(26)
筑波大	12(2)	慶應大	96(20)
千葉大	13(4)	上智大	69(8)
東大	13(2)	東京理大	132(24)
東京外大	4(1)	立教大	93(18)
東京医科歯科大	6(1)	明治大	85(10)
東京学芸大	5(1)	中大	34(8)
東京工業大	11(2)	法政大	24(5)
東京農工大	17(3)	学習院大	23(5)
一橋大	7(1)	國學院大	6(1)
お茶の水女子大	11(2)	青山学院大	22(5)
横浜国立大	7(0)	国際基督教大	9(1)
京大	1(0)	津田塾大	23(7)
首都大東京	6(2)	東京女子大	27(6)
その他国公立大	29(14)	その他私立大	325(91)
国公立大合計	146(36)	私立大合計	1147(235)

専修大学松戸高等学校

せんしゅうだいがくまつど

千葉県
松戸市
共学校

School Data

所在地　千葉県松戸市上本郷2-3621
生徒数　男子886名、女子516名
TEL　047-362-9101
アクセス　JR常磐線・地下鉄千代田線「北松戸」徒歩10分、新京成線「松戸新田」徒歩15分
URL　http://www.senshu-u-matsudo.ed.jp/

「新しいスタート」「新しいステージ」へ

建学の精神「報恩奉仕」「質実剛健」「誠実力行」

創立50周年を迎えた専修大学松戸高等学校（以下、専修大学松戸）は、1959年（昭和34年）に専修大学の付属高校として開校したのが始まりです。

創立以来、建学の精神「報恩奉仕」「質実剛健」「誠実力行」をもとに、3つの教育目標　①広い視野と国際感覚をもち、個性・資質と知識を生かし、世界人類の福祉に役立つ人物の育成　②虚飾を排し、簡素をたっとび、健康で自主性と行動力をもつ人物の育成　③温かい豊かな心と健全な批判精神をもち、何事にも力をつくして行う人物の育成、を掲げています。

進路目標に合わせた独自の「類型制システム」

専修大学松戸は、2002年（平成14年）に千葉県内で初めて独自の「類型制システム」を導入し、「E類型」、「A類型」、「S類型」、「X類型」の4つのコースに分かれて、志望大学別にきめ細かい指導を実践しています。この「類型制システム」は、生徒1人ひとりの進路目標に合わせたクラス編成となり、的確なカリキュラム、多彩な課外活動を組み合わせて、高い学力を養成する独自の学習スタイルです。

「E類型」は、1年次から難関国公立大への進学を目標とするコースです。授業の進度が早く、かつレベルの高い授業を展開して徹底的に応用力を強化します。

「A類型」は、国公立大・私立大・専修大の3つの目標別指導を展開し、多様な進学をめざすコースです。「E類型」・「A類型」ともに、2年次からは文系・理系に分かれます。

「S類型」は、運動系部活動で全国大会出場と、目標大学現役合格をめざすスポーツ重視のコースです。

「X類型」は中高一貫生型で内部進学生対象のコースです。カリキュラムの都合上、一貫生のクラス編成は卒業まで他類型とは別になります。

もう1つの特徴として、英語教育に力を注ぎ、確かな語学力を身につけています。豊富な授業時間や英語教育専用施設を特別に設けたり、日本人とネイティブ教員によるチームティーチングでの英会話教育、専修大の姉妹校であるアメリカやニュージーランドの海外語学研修などを行い、英語環境を充実させて、英会話力と国際感覚を磨いています。

このように専修大学松戸では、質の高い教育を展開し、全員が現役で大学合格をするために惜しみないサポートをしています。

School Navi 130

東京学園高等学校

東京都
目黒区
男子校

School Data

所在地　東京都目黒区下目黒6-12-25
生徒数　男子のみ487名
TEL　03-3711-6641
アクセス　JR山手線・東急目黒線・都営三田線・地下鉄南北線「目黒」バス、東急東横線「学芸大学」・東急目黒線「武蔵小山」徒歩15分
URL　http://www.tokyogakuen-h.ed.jp/

キミの夢をがっちりサポート

学力向上と心の通いあう教育

東京学園高等学校は、1889年（明治22年）に日本最初の私立の商業高校として誕生しました。当時の内閣官報局と一橋大学の前身である東京商業高校の先生などが設立にかかわり、私立の学校としては珍しい官庁と学校との結びつきにより生まれた男子校です。1973年（昭和48年）には、時代の変化に合わせて商業高等学校から普通科課程の高等学校に生まれ変わり、現在の東京学園にいたります。

創立以来、「不撓不屈」「協同友愛」「自主独立」を校訓に掲げ、学力向上をはかるとともに、心の通いあう教育を大切にしています。

学園生活を通して常識的な判断力、あいさつなどの基本的生活習慣を身につけることを重視すると同時に、人間性豊かで広く国際的視野を持った人物の育成をめざしています。

「わかる授業」で可能性を広げる

東京学園の学ぶことの基本は「わかる授業」です。少人数クラスで「わかる授業」を行い、1人ひとりの学力に見合った丁寧な指導をすることで、3年間で希望の進路に進むことができる教育をめざしています。

そのなかで、生徒1人ひとりの目標や進路に対応し、きめ細かな指導を展開するために「選抜コース」と「普通コース」の2つのコースを設置しています。

「選抜コース」は、難関大学への現役合格をめざすコースです。1年次は基礎を固めるために国語・数学・英語などを重点的に学び、2年次からは進路に応じて文系は国語・地歴公民、理系は数学・理科などの科目を選択します。

「普通コース」は、有名私立大学、専門学校、就職など幅広い進路希望に対応したコースです。1年次は全員が共通基礎科目を履修し、基礎学力の定着・向上に重点をおいた学習を行います。2年次からは文系・理系クラスに分かれて進路に向けた学習をしていきます。

また、高校からの学習に無理なく入れるよう、中学校までにやり残してしまった範囲の学び直しにもしっかり取り組んでいます。さらに放課後の補習や講習を行いながら、基礎力の徹底と学力アップのための指導をきめ細かく行っています。

東京学園は、生徒それぞれの夢や希望を3年間で確実に実現させてあげることを最優先に考え、未来につながる人生の土台作りをしっかりとサポートしてくれます。

共学校

東京都立三田高等学校

自主・自立の校風と「自律・自学・チーム三田」が自分で考え、行動できる人材を育てる

土曜授業を取り入れ、「確かな学力」の保証と英語教育に力を入れている東京都立三田高等学校。創立から続く自由な雰囲気のなか、「自律・自学・チーム三田」を合言葉に、大学受験だけにとらわれず、国際社会で自ら考えて行動できる人材を育成しています。

及川 良一（おいかわ りょういち） 校長先生

創立から変わらない自主・自立の校風

都営大江戸線、三田線、地下鉄南北線、JR線などに囲まれた交通至便な場所に建つ東京都立三田高等学校（以下、三田高）は、1923年（大正12年）に開校された東京府立第六高等女学校を始まりとします。校章の6枚の花弁は、その校名に由来しています。

戦後、校名変更や男女共学校への移行を経ながら歴史を積み重ね、2010年（平成22年）、東京都の進学指導推進校の指定を受けました。

東京タワーがすぐそこに見える都会に位置する学校らしく、その校風は自主・自立です。

「本校には体育祭、球技大会、白珠祭（文化祭）、合唱コンクールという4大行事がありますが、すべて生徒が自主的に企画・運営を行っています。こうした雰囲気は学校創立時から変わらないもので

球技大会

各学年でクラスごとの対抗戦です。バレーボール、サッカーなど4つの競技で優勝が争われます。

体育祭

三田高の体育祭は、各学年の7クラスを3つの団に分けて競いあう形式です。陸上競技場で行うこともあり、陸上競技系の種目が多いのが特徴です。

す。」（及川良一校長先生）

このような校風のもと、三田高では「自ら考え、問題解決を図り、進んで社会貢献できる人間の育成」がめざされています。

「第一志望の大学に合格することはもちろん大切ですが、それが最終目標であるかのような勉強はさせたくありません。単なる受験学力ではなく、思考力・判断力・表現力などの学力をしっかりと身につけ、真の社会貢献ができるような人材を育てたいという思いのもとにこうした目標があります。」（及川校長先生）

そのために掲げられているのが「自律・自学・チーム三田の力で高い志の進路実現」という言葉です。

「自律」は品位ある生活態度と社会的なルール・マナーを守ることで自らを律し、公徳心や規範意識を育むことをさします。

「自学」は授業に真剣勝負で取り組み、学年＋1時間の家庭学習習慣をつけること、早期に将来の目標を設定することを意味します。

そして、HR活動、部活動、学校行事にも積極的に参加し、お互いに切磋琢磨しあう人間関係を築くことで「チーム三田」を作りあげます。合唱コンクールでベートーベンの交響曲第9番を演奏するオール三田高生の姿は「チーム三田」の象徴です。

この3つがかみ合うことで、生徒1人ひとりが高い志を持って進路を実現すると同時に、人間としても大きな成長を遂げていくのです。

幅広い進路選択を可能にする柔軟なカリキュラム編成

三田高は3学期制をとっています。50分授業で月～金曜日の6時間に加え、土曜授業4時間を取り入れ、十分な授業時間を確保しています。

1学年は基本的に7クラスで、1クラスの人数は40人。かつての女子校の名残もあり、例年、女子の比率が少し多くなります。

カリキュラムに目を向けると、1年次に英・数・国を中心に基礎学力の充実を図り、文系・理系どちらにも対応できる力を養います。2年次も全員がほぼ同じカリキュラムで学んでいきますが、日本史Bか物理基礎（それぞれ3時間ずつ）のどちらかを選択することで、3年からの文系・理系選択に備えます。この2年間のうち、2年次の数Ⅱと英語のライティング（ともに週3時間）では2クラスを3つに分ける習熟度別授業が、1年次のオーラルコミュニケーションでは週2時間のうち1時間、1クラスを2展開した少人数授業が行われています。

大学受験を控える3年生になると、文理それぞれのコースに分かれ、さらに6

白珠祭（文化祭）

2日間にわたって行われる三田高の文化祭。1・2年生は学年ごとに演劇か映画制作が出し物になり、3年生は模擬店が中心です。

時間ぶんの自由選択科目が開講されており、生徒の幅広い進路希望に応えることができます。この自由選択科目には、よりきめ細かな指導を可能にする10人前後の少人数講座も多く開講されています。

また、外国語教育に力を入れているのも三田高の特徴の1つです。英語が1・3年生で週6時間、2年生で週7時間と、かなり多くの学習時間が確保されています。さらに、1年次のみ、自由選択でドイツ語・フランス語・中国語の授業を金曜日の7・8時限に学ぶことができます。

長期休業中講習や勉強合宿で学習サポート体制も万全

こうした授業以外に、平常時の補習や、長期休業中の講習、勉強合宿なども実施されており、サポート体制も充実しています。

補習は0時限や放課後を使って、各教師が自主的に行っています。また、朝テストという形で授業が始まる前にいろいろな教科の小テストもあります。これ以外にも職員室前に机とイスを置いただけの通称「屋台」コーナーで、生徒が教師に気軽に質問できるようになっています。

長期休業中の講習は、夏期が全学年対象に、冬期は大学受験を目前に控える3年生を中心に、春期は1・2年生に向けてそれぞれ開講されます。

勉強合宿（サマーセミナー）は、東京都内の研修施設を使って7月に2泊3日で行われ、希望生徒が参加します。今年度までは1・2年生が対象でしたが、新年度からは2年生対象にウィンターセミナーとして冬に行う予定です。及川校長先生はその理由について「2年生の3学期は3年生の0学期ととらえ、この時期に集中合宿を行うことで、本格的な大学受験への離陸体制を整えようという狙いです」と説明されます。

1年生には、2011年度から「オリエンテーションキャンプ」を実施しています。入学直後、河口湖で行う1泊のHR合宿で、中学生から「高校生」になるためのイニシエーションです。学習面では、中学と高校での勉強方法の違いや予習、復習の大切さなどが指導されます。また、3年後の進路実現に向けた心構えを身につける機会でもあります。そして、「切磋琢磨しながらそれぞれの進路を実現していく『仲間』と出会い、『チーム三田』を結成する場」（及川校長先生）でもあります。

三田高の大きな特徴 多彩な国際理解プログラム

こうした勉学の面のほかに、三田高を大きく特徴づけるのが国際理解教育です。国際化時代をリードする人材の育成に力が入れられ、魅力あるプログラムが

修学旅行

江の島海岸清掃活動

家庭科ホームプロジェクト発表会

合唱コンクール

国際理解講演会

設けられています。

「本校は都立校で初めて設置された帰国生徒学級（18名）や、都立校唯一のユネスコスクール指定（1957年）の歴史があり、早くから国際理解教育に取り組んできました。多彩な国際理解プログラムは、キャリア教育の一環としても位置づけています。帰国生たちには、文化祭のときに自分が住んでいた国の文化について紹介してもらっています。そのほかにも、毎年留学生の送り出しや受け入れを行っており、立地場所も含めて、国際的な雰囲気にあふれた学校です。また、新年度から2年生は、海外修学旅行（韓国）に出かけ、訪問先の高校生たちとの交流プログラムに取り組むことになっています。」（及川校長先生）

学年ごとに行われる国際理解講演会と国際理解シンポジウム（1・2年生対象）には、国際的に活躍する人々が講師として登壇します。2011年（平成23年）2月には「アフリカの過去と未来」と題する国際理解シンポジウムが行われました。

また、「留学生が先生」では、日本の大学院で学ぶ外国人留学生を講師に招き、1・2年生の生徒たちが、クラス単位で講師の母国の文化や歴史などについての講義を受けています。外国人講師が英語・スペイン語・韓国語の日常会話を直接指導する自由参加の外国語クラブもあります。

熱心な教師陣による学習面での充実だけではなく、自主・自立の校風のもとで、活発に行われている学校行事、部活動、そして、これからの時代に必要な国際理解の機会を数多く得られる環境が整っている東京都立三田高等学校。

着実な伸びを見せる大学合格実績以外にも、多くの魅力が詰まった学校といえるでしょう。

平成23年度大学合格実績（ ）内は既卒

大学名	合格者	大学名	合格者
国公立大学		私立大学	
筑波大	1(0)	早大	16(0)
埼玉大	3(1)	慶應大	13(2)
千葉大	2(0)	上智大	15(2)
東京外国語大	3(1)	東京理科大	14(7)
東京学芸大	4(1)	青山学院大	14(4)
東京工業大	1(0)	中大	18(7)
山梨大	1(1)	法政大	22(3)
高崎経済大	1(1)	明大	36(4)
千葉県立保健医療大	1(0)	立教大	23(2)
首都大東京	2(0)	学習院大	10(1)
横浜市立大	3(0)	日本大	36(3)
都留文科大	1(0)	その他私立大	327(38)
国公立大合計	23(5)	私立大合計	544(73)

School Data

東京都立三田高等学校

所在地
東京都港区三田1-4-46

アクセス
都営大江戸線「赤羽橋」徒歩5分、
都営三田線「芝公園」徒歩7分、
地下鉄南北線「麻生十番」徒歩10分など

生徒数
男子417名、女子449名

TEL
03-3453-1991

URL
http://www.mita-h.metro.tokyo.jp/

和田式教育的指導

これからが本格的な勉強の始まり

これから公立高校の受検を控えている人は、最後までチャレンジ精神を忘れないようにしてください。私立高校に合格した人は、高校からの課題を見つけて対応していくことが大切です。いまのうちにしておくべきことをアドバイスします。

公立高校をめざす人は最後まで気を抜かない

公立高校を本命にしている人は、これから本番を迎えます。

受検する学校によっては、共通問題ではなく、独自の入試問題を出しているところがありますので、そうした高校を受検する場合には、その学校の問題の特徴をよく捉えておくことが重要です。

これまでに何度も解いてきたでしょうが、ここで問題の傾向を再確認して、自分のものにしておくことが大切です。独自問題ではなく共通問題の学校の場合は、問題自体はそれほど難しいものではありません。いまのあなたがたの基礎学力ならば、一般入試問題の傾向にも十分対応できます。ただし、ここで注意したいのはケアレスミスをしないことです。易しい問題ほど甘く見てしまい、ケアレスミスをする確率が高くなるからです。

公立高校をめざしてきた受験生は、内申書にも気を配って学校の勉強や行事をしてきたと思います。いままで頑張ってきた受験校への思いがこの受験で決まるわけですので、ギリギリまで気を抜かないでください。

中高一貫校の高入生は高校範囲の予習を始めよう

私立の中高一貫校に合格している人も、この時期に安心して気を抜いてしまわないことが大切です。

受験して入学した高入生は勉強癖ができていますので、これからは、この勉強癖を大学受験まで持続させることができるかがカギになってきます。高校に受かったからといって、入学までの4月まで遊ぶのではなく、これまで3年間勉強してきた塾のテキストで総復習するなど、地固めをして、勉強を続けておくことも大事です。また、中高一貫教育では、中学2年次で中学の履修課程を終え、中3年次からほとんどの学校で高校の範囲を先取り学習しています。高校に入学した時点で、中入生の方が高入生よりも学習進度が早いのです。

みなさんのような高入生の立場の人は、これからこのような中高一貫教育の生徒とこれから成績を競っていくのは大変です。入学してから学校のプログラムで進度を補ってくれますが、いまの時期から自学自習によって予習しておくことが大事です。

これを読んでいる人の中には中高一貫校に中学受験で入学している人もいるかもしれません。中入生の欠点は、中だるみといわれる中3から高1の時期です。どうしても一貫教育だと高校受験がなく、しかも6年間同じ仲間なので刺激がなくなり、勉強が緩慢になりがちです。受験勉強を経験してきた高入生に刺激を受けてお互いに切磋琢磨するよう頑張ってください。

最終目標は第1志望の大学合格ですから、すでにそのゴールに向かった受験勉強が始まっていることを意識して、これからの高校生活を過ごしていかなくてはいけません。

大学附属校に入っても勉強癖は持続すること

私立の大学附属高校に合格した人も、安心してはいけません。

大学附属校だからそのまま大学へ行ける保障ができたのは間違いありませんが、大学への推薦資格を取得するためには学校が指定する基準をクリアする成績を残さなければなりません。

また、附属校でも他大学受験をめざすことができる制度もあるので、高校に入学してから、医学系などをめざそうとした場合、他大学を狙える学力をつけなくてはなりません。

現代の社会事情を考えると、早大や慶應大へ進学しても、一流企業に就職できるという保障はありません。自分を高めるために下地となる基礎学力をつけ、大学に進学しても専門の学問が理解しやすいようにしておきましょう。

また国際化が進み、文系でも理系の知識、理系でも文系の知識が求められてきています。これからは自分になにができるのかを考えながら勉強していくことになります。

いまの時点で「自分は高校に合格したから」という優越感を持たないようにしてください。まだまだこれからが本格的な勉強の始まりだと認識してください。

Hideki Wada

和田秀樹

1960年大阪府生まれ。東京大学医学部卒、東京大学医学部附属病院精神神経科助手、アメリカのカールメニンガー精神医学校国際フェローを経て、現在は川崎幸病院精神科顧問、国際医療福祉大学大学院教授、緑鐵受験指導ゼミナール代表を務める。心理学を児童教育、受験教育に活用し、独自の理論と実践で知られる。著書には『和田式　勉強のやる気をつくる本』(学研教育出版)『中学生の正しい勉強法』(瀬谷出版)『難関校に合格する人の共通点』(共著、東京書籍)など多数。初監督作品の映画「受験のシンデレラ」がモナコ国際映画祭グランプリ受賞。

世界の先端技術

BMI

脳と機械がつながって念じるだけで義手操作

脳波で義手を動かす技術の概念図

頭で考えただけでコンピュータをコントロールし、自動車の運転ができるなんてＳＦの世界のなかだけのことだと思っていないだろうか。

夢のような技術の一歩として、大阪大学の吉峰俊樹教授のグループは、脳の情報処理を研究し、頭の表面に流れる脳波を使って義手をコントロールすることに成功した。このように脳波を使っていろいろな機械をコントロールする技術の総称を「ブレーン・マシン・インターフェース（BMI=Brain Machine Interface）というよ。脳と機械との情報の橋渡し技術という意味だね。

吉峰教授のグループは、まずは脳内で考えたことで発生する信号を装着者に負担をかけずに受け取る装置を開発した。次に信号から統計処理を駆使して手足をどのように動かそうとするかの意思の解析を行った。最後に信号から、実際の義手の動きに変換するソフトウエアの開発も必要だったんだ。

治療中の患者の協力を得て、手を使ったときに発生する、いろいろな動作のデータを集め、解析を続けた。患者さんによっては同じ動作をしても異なった脳波のデータが得られたりしたそうだが、何度も繰り返し解析を続け、最終的に60〜90%の確率でなにをしようとしているかが推定できるまでになった。

処理の時間や、いま何をしているかなどの行動パターンも工夫して研究を続けたんだ。こうしてできたセンサーのついた帽子やソフトウエア、そして新しい義手を使うと、患者さんのしたいことがほぼ同時に再現できるまでになったよ。

以前は脳波を得るために電極を頭に刺していたことから考えると、患者さんにやさしいすばらしい技術の進歩だ。

事故により長年手を動かすことができなかった患者さんからは、信号自体を得ることが難しいのだが、そんな患者さんにも応用できることがわかった。

今後、この技術の精度がもっとあがっていくことを期待したいね。病気の患者さんだけでなく、装置も小さくなり、あらゆる環境で一般の人も考えるだけでテレビ、自動車や工場の機械を操れる日も来るかもしれない。楽しみだね。

※このページは35ページから読んでください。

も教育に携わっている人が、たかだか15歳の中学生をいじめるだろうか。しかも、自分が教壇に立っている学校に「入りたい！」と一生懸命に勉強している子どもを、だ。

言ってみれば、このような問題は推理小説を読んで、事件の犯人を見つけ出すのと似ている。推理小説の事件には犯人が必ずいるように、数学の問題にも必ず答えがある。ミステリーの謎解きをするのは楽しい。数学も答えを探し出すのは楽しいものだ。

見たこともない問題であってもなくても、問題には必ずヒントがあるということも頭に入れておこう。よく問いを読んでごらん。わざわざ「たとえば」と、例を示してくれているだろう。これがヒントなのだ。

0.4375が例なのだから、これを用いて解いてゆくのだ。では、0.4375は何の例だろうか？　もちろんAの例だ。

$$A = a\times\frac{1}{2} + b\times\frac{1}{2^2} + c\times\frac{1}{2^3} + d\times\frac{1}{2^4} + e\times\frac{1}{2^5}$$

のAだ。

ということは、

$$0.4375 = a\times\frac{1}{2} + b\times\frac{1}{2^2} + c\times\frac{1}{2^3} + d\times\frac{1}{2^4} + e\times\frac{1}{2^5}$$

ということだね。

さあ、この式をどうするか？　じっくり考えよう。まず、左辺の0.4375だ。小数点以下4桁の数なんて、なにか変だね。このままでは計算もやりにくい。小数点以下桁数の多い小数は分数に直す。これが入試数学のテク（コツ）だ。

さっそく、やってみよう。

$$0.4375 = \frac{4375}{10000}$$

これでもどうも変だ。分母が5桁なんてちょっとデカすぎる。もう少し小さくしよう。分母も分子も5の倍数だと一目でわかるから、どんどん5で割っていこう。

$$0.4375 = \frac{4375}{10000} = \frac{875}{2000} = \frac{175}{400} = \frac{35}{80} = \frac{7}{16}$$

おお、ずいぶん小さくなったね。では、右辺だ。分数が5つもあって、分母がみな違う。これではややこしいので、分母を揃えよう。この分母がバラバラの分数は分母を揃える＝通分するというのも、入試数学のテクだね。

$$a\times\frac{1}{2} + b\times\frac{1}{2^2} + c\times\frac{1}{2^3} + d\times\frac{1}{2^4} + e\times\frac{1}{2^5}$$
$$= \frac{a}{2} + \frac{b}{4} + \frac{c}{8} + \frac{d}{16} + \frac{e}{32}$$
$$= \frac{16a+8b+4c+2d+e}{32}$$

左辺も右辺も分母が整った。そこで両辺を並べると、

$$\frac{7}{16} = \frac{16a+8b+4c+2d+e}{32}$$

どうだい、これでピンとこないか？　こない人のために、両辺の分母を揃（そろ）えよう。そうすると、

$$\frac{14}{32} = \frac{16a+8b+4c+2d+e}{32}$$

ここから分子だけ取り出すと、

$$14 = 16a + 8b + 4c + 2d + e$$

さあ、ここでもう一つのヒントを使おう。「0.4375 = (0, 1, 1, 1, 0) と表される」というヒントだ。これは、

```
0, 1, 1, 1, 0
↑  ↑  ↑  ↑  ↑
a  b  c  d  e
```

ということだね。つまり

(0, 1, 1, 1, 0) は、$a = 0,\ b = 1,\ c = 1,\ d = 1,\ e = 0$

ということだ。$a = 0,\ b = 1,\ c = 1,\ d = 1,\ e = 0$を

$$16a + 8b + 4c + 2d + e$$

に代入すると、

$$16a + 8b + 4c + 2d + e$$
$$= (16\times0) + (8\times1) + (4\times1) + (2\times1) + (1\times0)$$
$$= 8 + 4 + 2 = 14$$

となる。

これがじつは「0.4375 = (0, 1, 1, 1, 0) と表される」という「たとえば」という例のからくりだ。

ここまでの説明がわかったかな？　わかりにくければ、少し頭を冷やしてから、もう一度、読んでくれ。紙とシャーペンを持って計算をしながら読むといい。

ここまでの説明がのみこめたら、さあ、「0.84375はどう表されるか」という問いを解くぞ。

$$0.84375 = \frac{84375}{100000} = \frac{27}{32}$$

$$\frac{27}{32} = \frac{16a+8b+4c+2d+e}{32}$$

$$27 = 16a + 8b + 4c + 2d + e$$
$$= (16\times1) + (8\times1) + (4\times0) + (2\times1) + (1\times1)$$
$$= 16 + 8 + 2 + 1 = 27$$

だから、(1, 1, 0, 1, 1) と表すことができるね。

解答 A. (1, 1, 0, 1, 1)

丁寧すぎるほど丁寧に説明した。これで、入試の数学問題を解くおもしろさが感じ取れたとしたら、君はまちがいなく、入試数学の力は伸びるぞ。1年後が楽しみだね！

編集部より

正尾佐先生へのご要望、ご質問はこちらまで！
FAX：03-5939-6014　e-mail：success15@g-ap.com
※高校受験指南書質問コーナー宛と明記してください。

+したり−したりするのが3つもある問題は、2つに減らす工夫をするのがコツだ。

※つまり、$\underline{b+c=M}$、$\underline{b-c=N}$というふうに置き換えると+・−が減って次のようになる。

$(a+b+c)(a-b+c)-(a+b-c)(a-b-c)$

$=\{a+(b+c)\}\{a-(b-c)\}-\{a+(b-c)\}\{a-(b+c)\}$

$=(a+M)(a-N)-(a+N)(a-M)$

※このようにしてしまえば、あとは計算するだけだ。

$=(a^2+aM-aN-MN)-(a^2+aN-aM-MN)$

$=a^2+aM-aN-MN-a^2-aN+aM+MN$

$=2aM-2aN$

$=2a(M-N)$

※ここでMとNを元の$\underline{b+c}$と$\underline{b-c}$に戻そう。

$=2a\{b+c-(b-c)\}$

$=2a(b+c-b+c)$

$=2ab+2ac-2ab+2ac$

$=4ac$

解答 A. $4ac$

次は(2)だ。まず与式をじっくり見る。すると、$\underline{x}(y+4)^2$と$4\underline{x}y$と$28\underline{x}$の3つにはxがあるとわかる。

※そこで、この3つをxでくくってしまおう。

$x(y+4)^2-4xy-28x$

$=x\{(y+4)^2-4y-28\}$

※次に$(y+4)^2$を開こう。

$=x\{(y^2+8y+16)-4y-28\}$

$=x(y^2+8y+16-4y-28)$

※(　)の中を整理すると、因数分解しやすくなるぞ。

$=x(y^2+4y-12)$

$=x(y+6)(y-2)$

解答 A. $x(y+6)(y-2)$

続いて(3)だ。問いをじっくり読もう。「xについての2次方程式」が「ただ一つの解を持つ」というのは、次のような場合だ。

$(x+\square)^2=0$

$(x-\square)^2=0$

このとき、$x=\square$か、$x=-\square$だね。

そうすると、$x^2-2kx+3k+10=0$は、$(x+\square)^2=0$か、$(x-\square)^2=0$という形になるはずだ。

※そこで、$(x+\square)^2=0$の（　）を開いてみよう。

$(x+\square)^2$

$=x^2+2\square x+\square^2=0$

※これと$x^2-2kx+3k+10=0$が等しいのだから、

$x^2+2\square x+\square^2=x^2-2kx+3k+10$

※そうすると、□とkの関係がわかる。

$2\square x=-2kx$　$\square^2=3k+10$

※この$2\square x=-2kx$から、□がわかる。

$2\square x=-2kx$　　$\therefore \square=-k$

※$\square=-k$を、$\square^2=3k+10$に代入する。

$\square^2=3k+10$

$(-k)^2=3k+10$

※これを計算しよう。

$(-k)^2-3k-10$

$=k^2-3k-10$

$=(k+2)(k-5)=0$

これで答えが出た。

解答 A. $k=5$または-2

以上の(1)～(3)は基本の問題だね。大問[1]にはもう1つ問いが残っている。

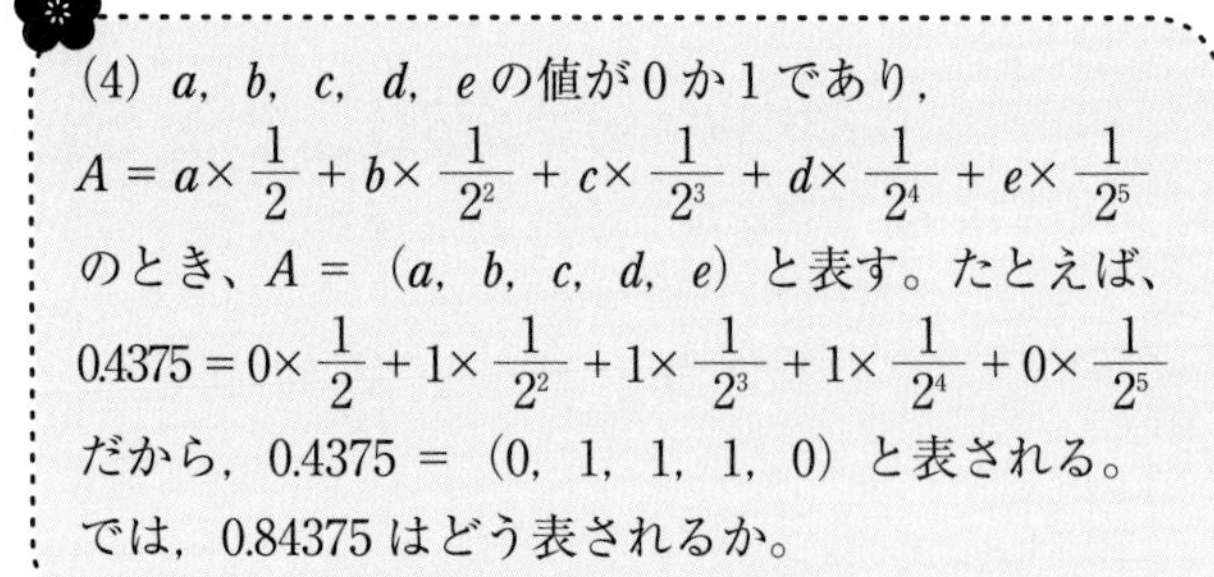

(4) a, b, c, d, eの値が0か1であり，

$A=a\times\frac{1}{2}+b\times\frac{1}{2^2}+c\times\frac{1}{2^3}+d\times\frac{1}{2^4}+e\times\frac{1}{2^5}$

のとき、$A=(a,\ b,\ c,\ d,\ e)$と表す。たとえば、

$0.4375=0\times\frac{1}{2}+1\times\frac{1}{2^2}+1\times\frac{1}{2^3}+1\times\frac{1}{2^4}+0\times\frac{1}{2^5}$

だから，$0.4375=(0,\ 1,\ 1,\ 1,\ 0)$と表される。

では，0.84375はどう表されるか。

「うわ～！　なんだ？　この問題は…」とボーゼンとした人もいるだろうなぁ。「こんなの学校でも塾でもやったことないよ、どうやるんだ…」なんて嘆きたくなるかもしれない。

なぁに、心配はいらない、早実を受験したいと思うような人なら、こんな問題なんぞ、たいしたことはない。では、解答にとりかかろう。

まず、頭に入れておきたいのは、出題者は親切な人だ、ということだ。「どこが親切だい、こんなへんてこな問題を出すなんて。0.84375なんて、小数点以下5桁じゃないか！　こんな細かい値を出すとは！」と文句を言いたくなるだろう。

だが、それは受験を楽しむことを知らない人の言うことだ。だいたい、いい年をした大人（＝出題者）が、それ

※このページは35ページから読んでください。

教育評論家 正尾 佐の

高校受験指南書

Tasuku Masao

六拾参の巻

中2のための高校入試入門【数学】

この連載はもう５年以上も続いている。３月号から翌年の２月号までの12か月を一区切りにして、毎年リセットして、３月号から『中２のための高校入試入門』を始めている。

この連載を初めて読む人のために、自己紹介をしておこう。ワガハイは正尾佐という。「まさお・たすく」と読む。「佐」という文字は、動詞のときは「たすける」という意味で用いる。じつは、これは筆名だ。本名ではない。受験生を助けるためにこの原稿を書き続けてきた。だから、その気持ちを示すための筆名だ。それに、ワガハイ１人で、英語も数学も国語も扱うというのは、いかにもなんでもできそうで照れくさい。それで、本名は名乗らない。

だが、名前からして受験生を助けるというのだから、読んでいる君たちも、もし希望があったら**編集部へメールでもなんでも送ってくれ**。たとえば、「英語の長文が苦手だから、それを取りあげてほしい」とか、「国語の古文がムズいから、対策を教えてくれませんか」とか、遠慮はいらない。

ところで、今号は早稲田大を特集しているね。だから、それに合わせて早稲田実業学校高等部の入試問題を取り上げることにする。

早実の国語は評論文・小説文ともに長文で、問いのレベルも高いうえに、融合文（現代文と古文が交じりあっている文章）も出る。中２生にはちょっと手強い。

英語も、問題数が多く、文章も難しめで、英作文・英文法も手強い。

平易なのは数学だ。「うわっ、難問だ！」と叫びたくなるような問題は出ない。ま、中級の問題が大半だ。

というわけで、今号は『中２のための高校入試入門―数学　早実は恐くない篇』とする（「早実は恐くない」が「そう〔だね、〕実は〔早実の問題は〕恐くない」の洒落だって、気がついたかな？　ワガハイは爺ギャグが大好きなのだ）。

早実の数学は、制限時間60分で大問５問（小問17問）を解く。大雑把にいって、小問１問あたり３分半、おおよそ212秒で解かなければならない。それなりのスピードが必要だ。

では、さっそく第１問だ（本当は２月10日の入試で出されたホヤホヤの問題を紹介したいのだが、この原稿を書いているのは１月だ。やむをえず昨年出題されたものにする）。

1 次の各問いに答えよ。

(1) $(a+b+c)(a-b+c)-(a+b-c)(a-b-c)$を計算せよ。

(2) $x(y+4)^2-4xy-28x$を因数分解せよ。

(3) xについての２次方程式$x^2-2kx+3k+10=0$がただ一つの解を持つとき，kの値を求めよ。

これを212秒×3という時間以内で解くのだよ。わりに平易だから、少しばかり安心した受験者もいるだろう。安心ついでに、さあ、紙とシャーペンを取り出してこの問題に取り組んでみよう。はたして636秒≒10分半で解けるかどうか、試してみないか？　「よ～し、やるぞ！」という人は、ここから下を見るのは解いた後で……。

解けたかな？　それでは、解説しよう。

(1) は、よく出題される基本問題だね。こういう問題、

宇津城センセの受験よもやま話

電車のなかでの運命的な出会い

宇津城 靖人先生
早稲田アカデミー　特化ブロック副ブロック長
兼 ExiV西日暮里校校長

大切な存在に気づく

　翌朝はひどい目覚めだった。きっと目の下にクマができているに違いない。富士原と期せずして別れを迎えてしまったことがショックで、あまりよく眠れなかった。精神疲労は若干回復したものの、未だHPは10くらいしかない気がした。富士原…。もしかしたら友だち以上の関係になれたかもしれない友人だったのに。ぼくは富士原への自分の気持ちが結構好意に近いものがあることに気がついた。どうしてもっと早くこの気持ちに気がつかなかったのか。どうしてもっと早く声をかけることができなかったのか。自分にとって富士原は大切な存在だったのに、ぼくは自分のことと入試のことばかり考えていた。富士原がカナダに行ってしまうことなんてどこかに置き去りにしていた。結局、自分>富士原という構図が自分のなかにあったわけで、つまりはその程度の気持ちでしかなかったという結論にいたると、ぼくは自分自身の冷たさに幻滅した。そして、せめて北海道に発つ祥子とだけでも連絡をとっておきたいという気持ちになった。ぼくは今日は学校が終わったら、祥子の家に勇気を出して電話をしてみようと思っていた。

　その日の学校の出来事はあまり覚えていない。なんとなくダラダラ過ごして午前中だけで終わり、とっとと家に帰った。午後は適当にゲームなどで遊んで、富士原を失ったというつらい現実から逃避をし、夕方ごろを見計らって祥子の家に電話をかけてみた。

「プルルルル…。プルルルル…。プルルルル…。」

　コール音はすれども、だれも出なかった。夜になると父親が電話に出る可能性が高まるので、できればこの時間につながるとよかったのだが。仕方なくまた現実逃避のためゲームに没頭した。

　ゲームをしているうちにいつのまにか寝てしまったらしい。すっかり室内は暗くなっており、テレビの画面上にはRPGが戦闘中のままで放置されていた。ぼくはゲームの電源をブチッと切ると、照明を点けた。時計を見ると夜の8時を回っていた。

「よし」とぼくは声を出すと、勇気を振り絞って祥子の家に電話をかけた。

「プルルルル…。プルルルル…。」

やっぱり出ないか。

「プルルルル…。プルルルル…。ガチャ。はい、もしもし?」

で、出た!

「もっもしもし! あ、あの、け、K中学の宇津城と申しますがっ…。」

「ああ、宇津城くーん! あたしあたし! 祥子だよ! どしたの!?」

「いや、あの祥子が北海道に行くのっていつなのかなって思って…。」

「ああ、心配して電話くれたの? ありがとう! あたしは諒子みたいに突然いなくなったりしないから、大丈夫だよ。」

　完全に見透かされている。ぼくが富士原がいなくなってショックだということも。

「富士原は、どうして突然いなくなったんだ？　なんにも言わずにいなくなるなんて、水臭いじゃないか？」

ぼくは詰問口調になってしまった。

「諒子なりに考えてのことだよ。試験前に突然いなくなることを告げて、動揺させたくないって言ってた。あたしは試験中じゃなかったから普通にお別れできたけど。諒子、最後まで宇津城くんのこと気にしてたよ。」

「気にしてた？」

「うん。お父さんの仕事の関係で急遽予定が早まったらしいんだけど。出発までホントに2、3日しかなくてドタバタってカンジだったみたい。私に連絡くれたときも『明日出発する』ってときだったから。宇津城くんにはさよならを言いたいけど、言えないからどうしようって気にしてた。あとでいなくなったことを知ったら、きっと怒るだろうって。」

「そっか…。」

「パーティーのことも『できなくてごめん』って言ってたよ。」

「富士原のせいじゃないのに…。」

「諒子は、そういう子だよ。」

「ああ。…そうだな。」

「カナダからね、手紙をくれるって言ってた。宇津城くんにも送るって言ってたから、もう少ししたら届くんじゃないかな。」

「おお、そうか。連絡先とかわかるといいな。」

「うん。あたしも結局そういうのを聞けないままお別れしちゃったから、諒子からの手紙待ちなのよね。」

「祥子は、そういうのなしだぞ。ちゃんと連絡先を教えてから行けよ。ていうか、行く前に必ず教えろよ。」

「わかってる。大丈夫だってば。」

「ありがとな。いろいろ教えてくれて。んじゃ、またな。」

「うん。バイバーイ。」

　祥子の話から富士原の状態がわかってかなり安心できた。あとは手紙を待つしかない。そう思って数日間過ごしたが、一向に手紙は来なかった。

　3月も下旬を迎えると、今度は祥子が旅立つ日がやってきた。ぼくは祥子と例の公園で待ち合わせをした。

　旅立つ日の祥子はどこか晴れがましく、そして希望にあふれているようだった。ぼくと祥子は思い出作りに最後に例のブランコにのった。今度このブランコに乗るときは、お互いにもっと大人になって、魅力的な人間になっていようと約束した。最後に祥子とは握手をして別れた。ぼくも祥子もこれが今生の別れになるとは考えていなかったから、終始笑顔だった。

希望と楽しさにあふれた新生活

　歳月が過ぎた。ぼくは大学生になっていた。

　あのあと結局富士原から手紙は来なかったし、北海道に行ってしまった祥子とも、その後連絡を取り合うことはなかった。僕自身も新しい友だちとの生活でいっぱいいっぱいで、彼女たちに連絡を取ろうというアクションをしなかったから、連絡をくれない2人を責める気持ちにはならなかった。と言うよりもむしろ、中学時代の甘酸っぱい思い出など、目の前の刺激的な生活に比べると色褪せたものだったから、思い出すこともなかったという方が正しいのかもしれない。ちょっとの自立とかなりの自由を手にしたぼくは、楽しくも忙しい毎日に没頭していたから立ち止まり、振り返ることをすっかり忘れていたのだ。

　大学生になってから、1人暮らしを始めていた。学生の住むコーポは、得てして安上がりな建材でできている。最寄り駅から徒歩10分圏内ということが魅力で借りた部屋だったが、画一的なユニットバスとミニキッチンの部屋はどこかカビ臭く、薄い壁のせいで隣室の住人の生活音までこちらに響いてくるのが難点だった。しかし、そんな安っぽさすらいとおしく思えるくらい、新生活は希望と楽しさにあふれていた。

　ある日、ぼくは買い物に出かけた。近所には小さな商店街しかなかったので、大きな街へと電車に乗って向かうことにした。電車に乗るといつもの習慣で空席を探し、腰を下ろした。一駅、また一駅と電車が進んで行くにつれ、ぼくの座った席の隣の人が降り、1つずつ隣へと席を移動していった。3つ目の駅を過ぎたときには、ぼくは座席の一番右端の席まで移動していた。端っこの席がやはり落ち着く。そうして座席の右端の鉄パイプに頭をもたれるようにした。すると、そのときぼくの頭がパイプに寄りかかって立っていた女性の背中に当たった。訝(いぶか)しげにその女の人は振り返ってぼくの方を見た。

「すいません」とぼくは謝った。

「いえ」とその人は答えた。その人からはとてもいい香りがした。

　ぼくはいい匂いだなあと思いながら向かいの車窓を流れていく景色に目をやった。すると、先ほどの女の人がぼくの方を怪訝(けげん)そうに見ているのに気がついた。こちらを痴漢だとでも思っているのだろうか。心外なことだ。ぼくも負けじとその女性の顔を見あげた。

「…え、…富士原？」

「やっぱり…。宇津城くん？」

「おお！」

と驚きの声をあげながらぼくは立ちあがっていた。

　見覚えのある顔。4年ぶりに会った彼女はずいぶん大人っぽくなっていたけれど、ぼくにはわかった。

　ぼくはそのあとカナダから帰ってきた彼女と、中学時代のこと、昔のことをたくさん話した。そしていつしかその話は、ぼくたち2人の未来の話へと変わっていった。

国語

東大入試突破への現国の習慣

力強く明確なアイデンティティーを保ちながらも時代に対応していく柔軟さが必要です！

田中（たなか） 利周（としかね）先生
早稲田アカデミー教務企画顧問

東京大学文学部卒。東京大学大学院人文科学研究科修士課程修了。文教委員会委員。現国や日本史などの受験参考書の著作も多数。早稲田アカデミー「東大100名合格プロジェクト」メンバー。

グレーゾーンに照準！ 今月のオトナの言い回し「対岸の火事」

「他人には大変なことでも、自分にとっては何の関係もないこと」のたとえとして使われる慣用表現ですね。対岸すなわち川の向こう岸で発生した火事は、どんなに燃え広がったとしても水の流れを飛び越えてまでは延焼してこないことから、こちら側の岸にいる自分には災いをもたらす心配がないので安心していられる、という意味になります。

向こう岸のあわてふためく様子を傍観するというのであれば「高みの見物」という表現も思い浮かぶところですね。こちらは「当事者ではないことから、第三者の位置に立って気楽にながめること」を意味しますので、合わせて確認しておいて下さい。

ちなみに、「川の向こう岸」を意味する熟語で、仏教でいうところの「煩悩（ぼんのう）を脱し、涅槃（ねはん）に達した境地」を意味する言葉といえば、さて一体何でしょう？ 正解は「彼岸（ひがん）」ですね。ここまでは皆さんにも余裕で答えて欲しいものですが、さて次がハイレベル。悟りの境地に達したあちら側＝彼岸に対して、迷い悩むこちら側の世界を、さて一体何というでしょうか？ 正解は「此岸（しがん）」になります。また、「あの世」と「この世」を隔てる「三途（さんず）の川」というのが知られていますね。死んだ人があの世へ行く途中に渡るという川です。俗に、川の向こう岸が「あの世」＝「彼岸」で、こちら岸が「この世」＝「此岸」などと考えられています。でも、死んだからといって本当の意味で悟りに達したワケではないので、この俗説のイコール図式は正確ではない！ と理解しておいて下さいね。

閑話休題。「対岸の火事」についてです。この表現を今回取り上げたのは、つい最近、マスコミで繰り返し強調されたフレーズでもあるからです。皆さんはご存知でしょうか？

経団連の会長さんが記者会見の席でこう発言されました。「日本にとって対岸の火事ではない。いずれこちらにやって来る可能性がある！」と。さて、何がやって来るというのでしょうか？ そう、「欧州発の金融危機」ですね。ユーロ圏諸国の国債格付けの引き下げ、急速なユーロ安を受けて、世界経済の下振れリスクは高まってきている！ という認識に立ち、ぼやぼやしていたら日本もギリシャやポルトガル、アイルランドの二の舞いになる！ という危機感を露（あらわ）にした発言であります。

ここで注意して欲しいのは、「対岸の火事ではない」という言い回しです。つまり「対岸の火事」だと考えてはいけない！ という「戒め」が、ここでは語られているのだという点に注目です。「自分にとっては何の関係もないこと」だと考えてはいけない。さらにすすめて、「当事者意識を持って主体的に考えなくてはならない！」という指摘として受けとめなくてはならない、ということです。オトナの言い回しとして「対岸の火事」が使用される場合には、多くの場合こうした「当事者意識」を促すパターンになります。「高みの見物」など、もってのほか！なのです。ギリシャの失敗を「対岸の火事」と思えばそれまでのこと。翻って「日本について考えてみれば…」と思考をつなげなくてはならない！ というわけです。こうしたあり方を、うまく表現した故事成語に「他山の石」がありますよね。「よそのできごとが、自分の知恵をみがく助けとなること」という意味ですね。今回でしたら、「欧州での混乱を対岸の火事だと見過ごさずに、他山の石とする意識が大切である」というフレーズがベストの用法です。こんな風に使えなくてはなりませんよ。注意を促しておきたいのが、「他山の石としないことが大切」という、間違った言い方を覚えているケースが見受けられることです。これは、「対岸の火事ではない」と「他山の石」との混同ですからね。せっかくですから先ほどのフレーズで、二つをセットにして覚えてしまいましょう！

慇・懃・無・礼?! 今月のオトナの四字熟語「不易流行」

「ふえきりゅうこう」と読みます。極めてオトナ度の高い四字熟語ですので、心して聞いて下さいね。「不易」とは「その本質が永遠に変わらないもの」を意味します。「易」という言葉が「変わる」という意味ですので、それを打ち消して「変わらない」となるのですね。古今不易や万古不易という四字熟語もありますので、ご確認を。そういえば「フエキ糊」ってご存知でしょうか？ 大阪の文具メーカーが1898年に発売して以来のロングセラー商品なのですが、この「フエキ」も「不易」です。つまり「永遠に変わらない」品質を誇るという自信の表れがブランド名となったのですね。キンモクセイの香料で香り付けされた「フエキ糊」は、筆者が幼いころに熱中した「紙工作」に欠かせないアイテムとして、その香りとともに思い出をよみがえらせてくれます！ 皆さんにとっては、映画やドラマの中でしか見たことのない、オイルショック後の昭和の日本ですね。雑誌の付録といえば、紙を切ったり貼ったりで作り上げる「工作」が主流だった時代なのですよ。話がまた逸れました。一方の「流行」は、お馴染みの熟語ですよね。「時代とともに変化するもの」を意味することはご承知の通りです。それでは、この相反する意味の熟語を組み合わせることで形成された「不易流行」という四字熟語は、一体どのような意味を生み出そうという意図が込められているのでしょうか？

ここで「不易流行」という用語の生みの親である人物を紹介してみましょう。その人物とは、皆さんもよく知る江戸時代の俳人、松尾芭蕉なのです。芭蕉によれば、「不易」と「流行」は本質的に対立するものではなく、真に「流行」を得ればおのずから「不易」を生じ、また真に「不易」に徹すればそのまま「流行」を生ずるものだ、というのです。どういう意味でしょうか？ 俳句は「世界一短い文学」とも言われています。たった十七音で詩を形づくるワケですから。それを文学作品として成立させるためには、絶えず新しい句材を求め、新しい表現を心掛けなければなりません。気を抜けばすぐに陳腐で類型的な句しか得られなくなってしまいます。そうした危険性を意識して、絶えず新しさを追求して行くことが「流行」といわれる中身になるのです。「流行」を追うことが俳句という文学＝「不易」を生み出すのです。一方「不易」とは、俳句として存立する不変の条件のことです。五七五の十七音形であること、季語の存在、「切れ字」と呼ばれる表現技法など、いくつかの原則を不変の鉄則として維持しなくては、俳句ではなくなってしまいます。俳句を俳句たらしめるアイデンティティーと言ってもいいでしょう。この「不易」である俳句の形式によって「流行」を表現することが可能になるのです。

「あれもいいな」「これもいいな」といっては新しいものを追い求める「流行」だけではなく、「これがいい」「これで間違いない」という伝統に根付いた「不易」を意識しなくてはなりません。別の四字熟語を使って表現するならば、それは「温故知新」ということでもあります。よき伝統を守りながら＝「不易」、進歩に目を閉ざさない＝「流行」、ということ。そうすることではじめて理想が追求されるのだと芭蕉は言います。歴史を踏まえること＝「不易」、そして現実を踏まえること＝「流行」。そのことによって、未来を思考することが可能になるのだと。

皆さんも、「新」を求め続け＝「流行」、「古」を顧みる知恵＝「不易」を失わないように、学びを続けていって下さいね！ 私も一緒に理想を追い求めていきたいと思っています！

<考え方>

条件に適する円が描けたとすると、円の中心OとA、Bの間にはOA＝OBが成り立ちますので、中心Oは線分ABの垂直二等分線上にあることになります。

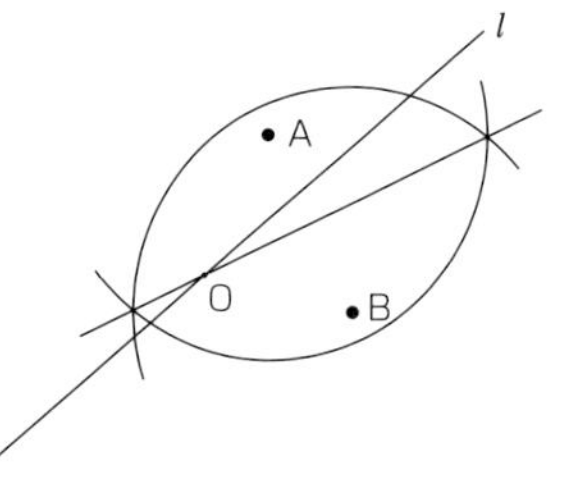

<解き方>

図のように線分ABの垂直二等分線を引き、直線lとの交点をOとする。

次もよくある対称点を作図するものです。同様にかけたとすると…、と考えます。

問題2

右の図のように、点Aは直線l上にある点で、2点B、Cは直線l上にない点であり、直線lに対して互いに反対側である。

点Pは直線l上にあり、∠APB＝∠APCである。

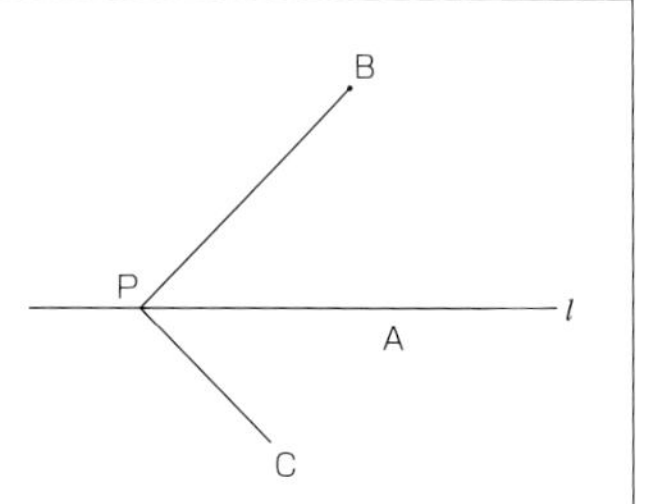

右上に示した図をもとにして、直線l上にあり、∠APB＝∠APCとなる点Pを、定規とコンパスを用いて作図によって求めよ。

ただし、作図に用いた線は消さないでおくこと。

（都立・西）

<考え方>

条件に適する図がかけたとき、直線PBと直線PCは直線lについて対称です。よって、直線lについて点Cと対称な点C´をとり、BC´の延長と直線lとの交点をPとすればよいことになります。

<解き方>

① Cから直線lに垂線を引き、直線lとの交点をHとする。

② Hを中心として、線分HCの長さを半径とする円弧をかき、直線CHと再び交わる点をC´とする

③ BC´の延長と直線lとの交点をPとする。

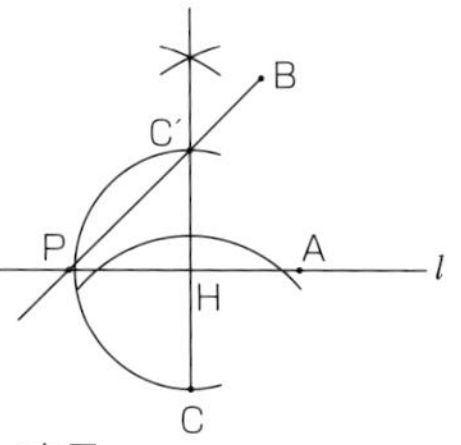

続いて、決められた角度を作図する問題です。

問題3

右の図で、線分ABと線分CDは、AB⊥CDである。

示した図をもとにして、線分AB上にある点をEとし、∠BCE＝75°となる線分CEを、定規とコンパスを用いて作図しなさい。

ただし、作図に用いた線は消さないでおくこと。

（都立・青山）

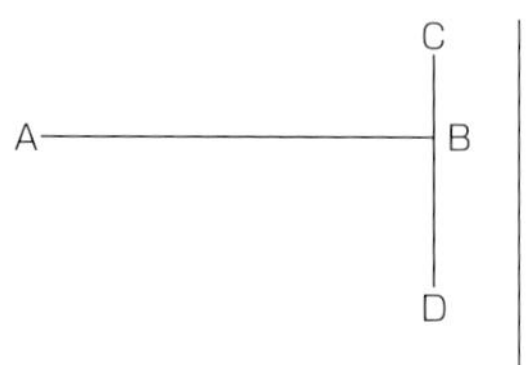

<考え方>

∠A＝75° の△AEBがかけたものとして考えてみましょう。このとき、右の図のように、75°を（ア）30°と45°の和とする考え方と、（イ）15°と60°の和とする考え方とがあります。

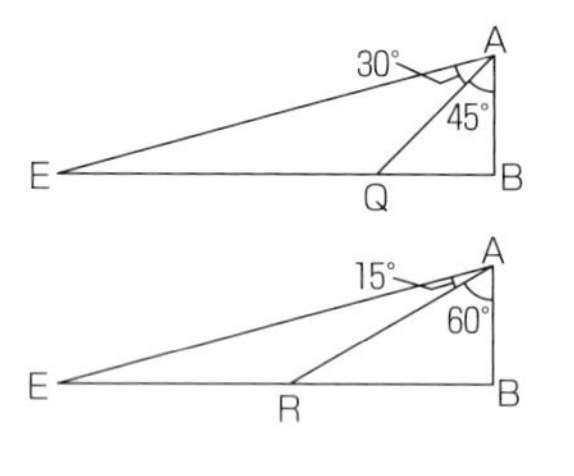

<解き方(ア)>

① Bを中心として、線分BCの長さを半径とする円弧をかき、ABとの交点をQとする。

（このとき△CQBは直角二等辺三角形で、∠CQB＝45°です）

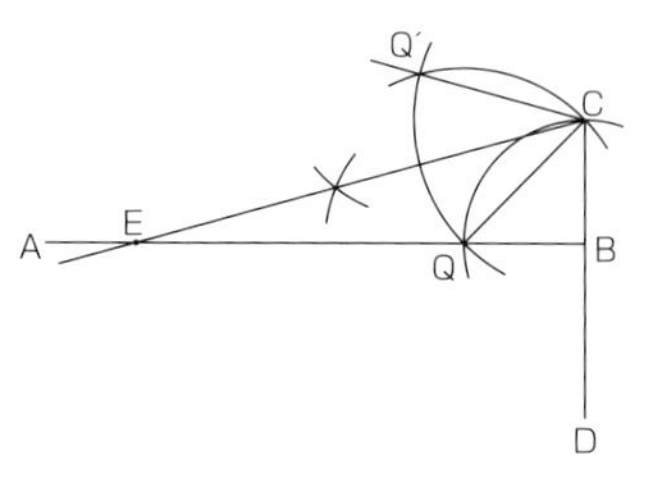

② C、Qを中心として、線分CQの長さを半径とする円弧をそれぞれかいて、その交点をQ´とする。

（このとき△CQQ´は正三角形で、∠QCQ´＝60°です）

③ ∠QCQ´の2等分線を引き、ABとの交点をEとする。

<解き方(イ)>

① Bを中心として、線分BCの長さを半径とする円弧をかき、CDとの交点をC´とする。

② Cを中心として、線分CC´の長さを半径とする円弧をかき、ABとの交点をRとする。

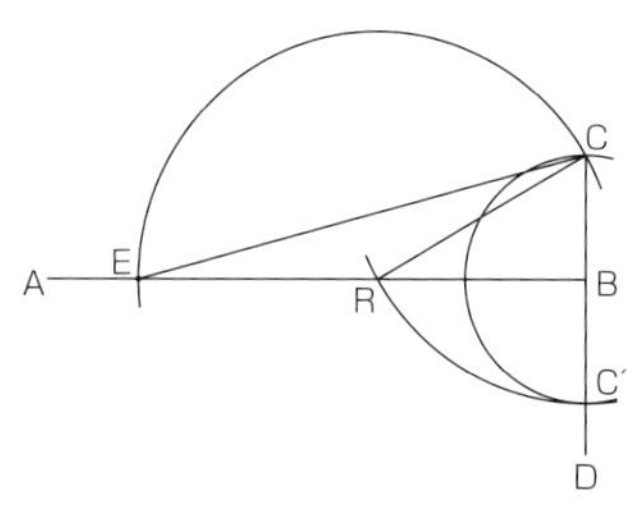

（このとき△CC´Rは正三角形で、∠RCB＝60°です。また、∠CRB＝30°です）

③ Rを中心として、線分RCの長さを半径とする円弧をかき、ABとの交点をEとする。

（このとき△RCPは二等辺三角形であり、∠RCP＝$\frac{1}{2}$∠CRB＝15°です）

さらに複雑な作図も入試問題には出てきますが、完成予想図から図形の性質を考えて、基本作図を組合せていくことに変わりはありません。作図の問題に取り組んでみると、基本の垂直二等分線、角の二等分線、垂線の性質、さらに、円や平行線の性質の理解が問われることがよくわかるのではないでしょうか。

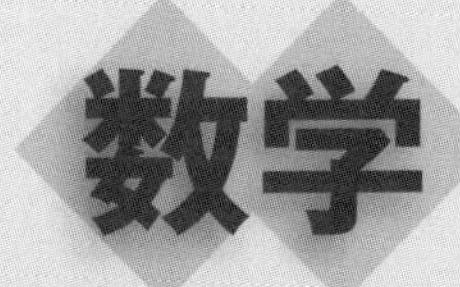

楽しみmath 数学！DX

基礎から応用まで 作図問題攻略

登木 隆司先生
早稲田アカデミー　城北ブロック ブロック長
兼 池袋校校長

今月は、作図の問題を学習していきましょう。
ここでの「作図」は、定規とコンパスだけを使って行います。覚えておかなくてはならない基本の作図は、次の３つです。いろいろな作図の問題にはいろいろありますが、ほとんどがこの３つの組合せになっていますし、基本作図の問題がそのまま入試問題として出題されることも少なくありませんので、確実にできるようにしておかなくてはいけません。

(1)　垂直二等分線の作図

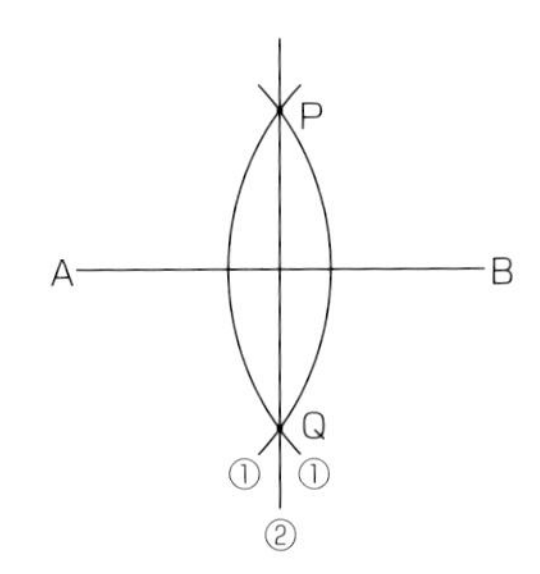

①　線分の両端A、Bを中心として、同じ半径で円弧をかく。
②　円弧の交点をP、Qとすると、直線PQが線分ABの垂直二等分線となる。

(2)　角の二等分線の作図

①　角の頂点Oを中心として円弧をかき，辺OX、OYとの交点をそれぞれA、Bとする。
②　A、Bを中心として同じ半径で円弧をかき、交点をPとする
③　半直線OPが∠XOYの二等分線となる。

(3)　垂線の作図

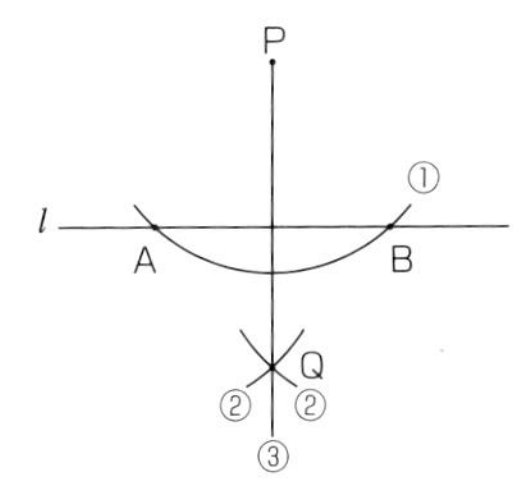

①　点Pを中心に弧をかき、直線lとの交点をA、Bとする。
②　A、Bを中心に等しい半径で弧をかき、交点をQとする
③　P、Qを結んだものがPからlへの垂線となる。

続いて作図の応用問題を見ていきましょう。ここで大切なことは、「条件に当てはまる図がかけたとしたら、どのようなことが成り立つか」を考えることです。具体的にどうするかは、よく取り上げられる“円の中心の位置を作図する”問題で見ていきましょう。

問題１

右の図のような、直線lと２点A、Bがある。A、Bを通る円のうち、中心がl上にある円の中心Oを作図によって求めなさい。ただし、作図には定規とコンパスを使い、また、作図に用いた線は消さないこと。　（栃木）

WASE-ACA TEACHERS

英語

ニュースな言葉

Global warming

川村 宏一先生
早稲田アカデミー　教務部中学課　上席専門職

このコーナーは、最近のニュースに登場する言葉や英文を取り上げ、高校受験に役立つ知識として定着させようとするコーナーです。

今回は環境問題についての英文。世界各地の天候不順と、それに伴う農作物不作の原因の１つとされる「地球温暖化」を、英語では"global warming"といいます。「温暖化」を‘warming’という語を用いて、現在もなお進行中であることがうまく表されていますね。では「地球温暖化」が引き起こす海水面の上昇に関する英文を見てみましょう。

‘A report on global warming says that world sea levels rose on average by ten to twenty centimeters during the 20th century.’

少し長くて日本語に訳すのにてこずりそうですが、このように長い英文のときは、主語(S) と動詞(V) を探すと英文の構造が見えてくるので、怖がらずにチャレンジしてみましょう。

主語(S)‘A report(on global warming)’と、動詞(V)‘says’はすぐに見つかるので、文頭は「(地球温暖化に関する) あるレポートは言っている」というように訳せますね。そして、この‘that’以下の文はなにかというと、動詞‘says’の働きを受ける長い目的語(O) で、レポートの内容を説明しています。では、‘that’以下の英文を頭から日本語に訳してみましょう。

‘world sea levels rose（世界の海面があがった）／on average（平均で）／by ten to twenty centimeters（10～20センチ）／during the 20th century.（20世紀のあいだに)’となります。というわけで、英文全体を訳すと「地球温暖化に関するあるレポートは、20世紀の間に世界の海面が10～20センチメートルあがったと言っている」となりますね。

さて、ここで注目したいのが動詞‘say’です。動詞には「自動詞」と「他動詞」とがあり、‘say’は目的語(O) を必要とする「他動詞」に分類されます。この文の場合、目的語は‘that’以下で、話す内容、事柄になっています。

基本の確認

I $_{(V)}$ kicked $_{(O)}$ the ball.（私はボールを蹴った）

(O) とは目的語のことで、「～を」「～に」にあたるもののことを言います。

そして、この目的語を取ることができる動詞のことを「他動詞」といいます。

He $_{(V)}$ runs（every morning).（彼は毎朝走っています。）

every morningは「毎朝走る」のようにruns（動詞）を説明している修飾語で、目的語ではありません（毎朝を走るとは言わないですよね)。このように、目的語を取らない動詞のことを「自動詞」といいます。

something extra

warmは、‘It's warm today.’（今日は暖かい）という形容詞の用法のほかに、動詞として「暖かくなる、暖かくする」という意味にもなります。‘The soup is warming.’なら、スープが温まってきているということです。

スポーツをする前に体を温めほぐすことは‘warming-up’と言います。準備運動をしないと 思わぬケガをするから、注意しましょう。

なお、地球が寒冷化してきているという説もあり、この場合は‘cooling’を使います。

精神科医からの処方箋

子どものこころSOS

大人の知らない「子どものこころ」。そのなかを知ることで、子どもたちをめぐる困難な課題を克服する処方箋を示唆。気鋭の精神科医・春日武彦が「子どものこころ」を解きほぐし、とくに受験期に保護者がとるべき態度や言動をアドバイスします。

A5版　224ページ
定価　2,100円（税込）
ISBN4-901524-80-1

精神科医
春日 武彦　著

「率直に言って、受験を迎えるお子さんがいるご家庭においては、親子ともに『こころの健康マネージメント』が必要だと感じています。しかし、これを実際におこなっていくのは、なかなかむずかしい。本書は、現実生活のなかでどう対応したらよいのかを、学説や教育論ではなく、こころに届く絶妙な筆致で綴った得難い一冊です」
（教育評論家・森上展安）

★ご注文方法
本書は一般書店にてお買い求めになることができます。万が一、書店店頭に見当たらない場合には、書店にてご注文のうえ、お取りよせいただくか、弊社営業部までご注文ください。ホームページからもご注文いただけます。

株式会社 グローバル教育出版
〒101-0047 東京都千代田区内神田２－４－２　グローバルビル３階
TEL：03-3253-5944（代）　FAX：03-3253-5945

WASE-ACA TEACHERS

Success18

春夏秋冬 四季めぐり

早稲田アカデミー高校部 Success18 その1年間を季節の変化とともに追いかけます。

久津輪 直先生

早稲田アカデミー
サクセスブロック副ブロック長
兼 Success18渋谷校校長

開成・早慶附属高校合格者を多数輩出してきた早稲田アカデミー中学部が誇る、傑出した英語教師。綿密な学習計画立案と学習指導、他科目講師とチームとなって連携指導する卓越した統率力を、高校部門Success18校長として着任後も遺憾なく発揮。2011年春の入試では、渋谷1校舎約130名の高3生から、東大22名、早慶上智大97名合格という歴史的快挙を達成。週末は、現役の開成必勝担当者として、その辣腕をふるっている。

実るのも、枯れるのも、秋

今回お伝えするのは、9月から11月までの秋の季節。寒い冬を乗り越えるために、自然界では、動物も植物も、たっぷりと栄養をたくわえて、秋の食卓は、色とりどりの魅力的な皿が並びます。人間の成長も、季節のうつろいになぞらえるならば、秋は、豊かな実りの季節。私たちの教育の世界でも、夏の努力が、たわわな実りとなって結ばれる季節です。

しかし同時に、秋は冬を間近に控え、瑞々しい緑の樹葉は、あっという間に、枯れた枝葉へと変化します。高校生もこれと同じ。見事に己の実をつけて、豊穣な秋となる人もいれば、さまざまな誘惑に駆られ、努力を怠った結果、冬を越して春の芽吹きをしっかり迎えることのできない人もいます。

今回の稿では、受験の試練を克服し、中だるみなどの誘惑を乗り越える工夫と私たちSuccess18が行っている取り組みを紹介していきます。

高3 受験の足音

センター試験出願 推薦入試開始

夏の勢いが後退し、秋の気配が近づくと、高校3年生はいよいよ本格的な大学受験期に入ります。各高校では、翌年1月に実施される大学入試センター試験の申込書が配布されます。2012年1月に実施されたセンター試験からは、解答する科目を出願時に指定することになっているので、注意が必要。従来の試験では、社会や理科などにおいて、例えば世界史と日本史、地理などの複数科目が1冊の問題冊子にまとめられ、受験生はその場で科目を選択して解答していました。

新体制では、出願時に本番での選択解答科目を指定することになりますから、少なくとも夏休みに入るまでには、センター試験で解答する全科目を、きちんと決定しておくことが望まれます。各大学が入試で要求する科目を記載した「募集要項」は、おおむね6月ごろに正式発表されますので、これに基づいてセンター試験の受験科目を決定し、夏休みには学習を開始しておかなくてはなりません。

同じ時期にピークを迎えるのが、推薦入試。年が明けてから実施される一般入試とは異なり、書類審査や論文試験、面接などによって選抜する推薦入試は夏の後半から秋にかけてその火蓋が切られます。Success18では、論文の添削、提出書類のチェック、模擬面接など、志望する大学の選抜方式に応じて、個別の対応をしています。また、同一の大学を一般入試で受験するよりも、推薦入試で受験した方が合格しやすいなどの細かな入試状況をふまえた進路指導も行っています。

高校1・2年生

中だるみと向き合う 生徒をかためる三位一体システム

一般的に1年生の秋から、2年生にかけておとずれる「中だるみ」時期に見られる具体的な兆候として、学校や塾においては、①欠席、②遅刻、③宿題忘れ、④集中力低下、家庭においては、①帰宅時間の遅れ（＝

部活や遊びへの偏重)、②家族との会話減少(=勉強不足指摘機会の回避)、③部屋や机上の乱雑化(=勉強への準備態勢の崩壊)といった現象をあげることができます。「私語のない緊張感のある授業」「本気でやる子を育てる」といった目標を掲げる私たち早稲田アカデミーは、こうした事態を招かぬためのノウハウを開発し、以下3つの創意工夫を実践しています。

まず、「欠席連絡」のシステムによって、断りなく授業に欠席・遅刻している生徒のお宅には、早稲田アカデミーから連絡を行い、また、授業後には、欠席者に対し、翌週の宿題などの電話連絡をしています。これによって、「こんなに連絡をされては、塾を休むわけにはいかない」という心理状態にいたらせ、かつまた、宿題などのフォローを丁寧に行うことによって、やむをえない欠席であっても、必ずあとから追いつける安心状態を与えます。

さらに、「復習型授業システム」が、生徒の学習意欲を持続させます。この仕組みでは、毎回の授業がそのつど新規単元の丁寧な導入から始められ、仮にその前週に欠席し、前提知識がない場合であっても、安心して臨むことが可能となっています。一通りの単元を既習している高卒生を対象とする予備校では、あらかじめ基礎的な学習がなされていることが前提とされ、授業参加者は翌週の授業のために予習しておくことを余儀なくされています。これを仮に「予習型授業システム」と名づけるならば、私たちの「復習型授業システム」においては、そのつど行われる丁寧な導入と演習・解説を経たのち、授業参加者はその週に学習した事項を、しっかりと定着させるための復習だけを行えばよいことになります。毎回丁寧な導入がなされる授業は、多忙で欠席してしまった高校生にとっても、やる気を継続させてくれるのです。

「復習」は、ただしているだけでは意味がありません。復習の様子をノートチェックなどによって丁寧に確認し、さらに、チェックテストを実施することで、生徒の学習定着度を漏れなく検証しています。Success18のチェックテスト体制は、詳細なシラバスによって定められており、(写真参照)①毎回の確認テスト、②毎月の月例テスト、③毎季のシニアテスト、となっています。毎回の確認テストでは、限られた指定範囲内での記憶力や計算能力をチェックし、成績不良者には、追試験や別課題の提示をします。毎月の月例テストは、前月の学習内容というやや広い分野を出題範囲とし、全校舎内での順位、偏差値、クラス別平均点などを算出しています。およそ3カ月に1度実施されるシニアテストは、さらに広い分野を出題範囲とした実力テストであり、全国での順位、偏差値、科目ごとのアドバイスなどを提供し、さらに、この結果に基づいて今後の進路指導もしています。

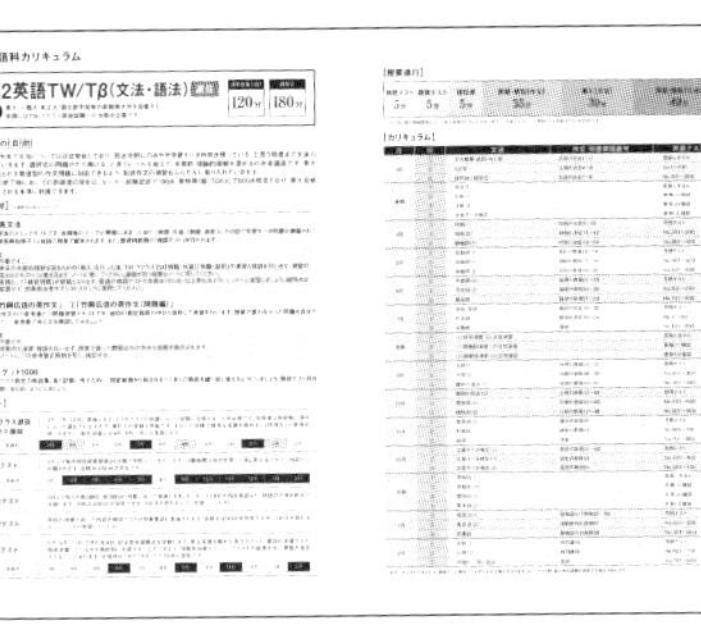

サクセス名物講師紹介

Success18を代表する各科教師を紹介します。

開成高校合格者数全国NO.1、東大合格者5年で100名達成。そうした華々しい早稲田アカデミーの躍進の現場に、つねに立ち続けて渾身の授業を展開する。

しかし決して大上段に構えることなく、そのまなざしを現場の生徒に向け続ける新鮮な誠意は、いささかなりとも失われていない。ときに笑い、ときに涙し、またときに檄を飛ばし、疑問が解消するまで質問と付き合い、抱えきれないほどの添削を黙々とこなす粉骨砕身の努力を今日も続けている。

その努力は、文系理系の垣根を越えて絶大な効果を発揮。とりわけ東大理系志望者の国語成績を例外なく伸ばす手腕は、およぶ者がいない。近年は認知論における「創発」のメカニズムにも着目し、講義内でのディスカッションや、生徒自身による問題作成作業を行うなど、生徒と生徒が刺激しあい、全員の努力の総和が、1人ずつの努力の総和を凌駕する知的現場の構築をめざしている。

Success18教務・東大プロジェクト総責任者。5年で東大合格者を1名から100名へと躍進させた道程の中心的人物。学習指導・進路指導の的確さには比類なき定評があり、受験界のあらゆる動向に精通して得られた情報を総動員して進められる授業からは、毎年多数の難関大学合格者を輩出している。多忙な日々を縫って丁寧に実施される添削指導に加え、週末は、東大必勝講座の英語を担当。さらには、開成必勝講座にも出講。開成高校合格全国No.1奪取にも大きく貢献した。その受験知識や、専門とする英語科教育、そして、日々の授業現場の発見などを記したブログも常時更新中。

(http://www.waseda-ac.co.jp/teacher/yoshida/)

次回の季節は冬。12月から2月までを扱います。いよいよ、高校3年生は大学受験本番、また、学年が切り替わり、名実ともに受験生となる高校2年生、心のゆとりが心の緩みにも直結する危機がやってくる高校1年生。そのそれぞれを追いかける、この連載の最終回となります。

ミステリーハンターQの

歴男歴女養成講座

ミステリーハンターQ（略してMQ）

米テキサス州出身。某有名エジプト学者の弟子。1980年代より気鋭の考古学者として注目されつつあるが本名はだれも知らない。日本の歴史について探る画期的な著書『歴史を掘る』の発刊準備を進めている。

山本 勇

中学３年生。幼稚園のころにテレビの大河ドラマを見て、歴史にはまる。将来は大河ドラマに出たいと思っている。あこがれは織田信長。最近のマイブームは仏像鑑賞。好きな芸能人はみうらじゅん。

春日 静

中学１年生。カバンのなかにはつねに、読みかけの歴史小説が入っている根っからの歴女。あこがれは坂本龍馬。特技は年号の暗記のための語呂合わせを作ること。好きな芸能人は福山雅治。

古事記・日本書紀の編纂

日本最古の歴史書、古事記の編纂から今年で1300年。奈良遷都から2年後に古事記が作られた意味を考えてみよう。

勇 日本最古の歴史書である古事記が編纂されたのは、いまからちょうど1300年前なんだね。

MQ 元明天皇の命で、稗田阿礼が暗唱して、太安万侶が撰録したんだね。そして天皇に献上されたんだ。

静 撰録ってなあに？

MQ 暗唱されてきた内容を整理して記録したということかな。

勇 712年というと、奈良遷都から2年後だけど、なぜこの時期に古事記が編纂されたの？

MQ 645年の大化の改新で、蘇我氏を始めとする豪族の勢いを抑え天皇を中心とする中央集権体制が整備され、701年には大宝律令も出されたことで、政権の正当性を強くアピールする必要があったのかもしれないね。

静 それまでは歴史書はなかったの？

MQ 旧辞と帝紀という歴史書があったといわれている。旧辞は古代の神話や伝承をまとめたものと考えられている。歌謡も載っていたらしい。帝紀は天皇家の系譜、歴代の皇居の場所、陵墓などについて書かれたものらしい。

勇 現存してないの？

MQ うん。口伝えなのか文書だったのかもはっきりしないんだけど、古事記の原典になったことは間違いないようだね。

静 古事記の内容って、どんな？

MQ 全3巻からなっていて、上巻は神話や神代の時代の天皇の先祖の系譜がまとめられている。高天原やイザナギ、イザナミ、ウミサチヒコやヤマサチヒコの話なんかも載っているよ。

中巻は初代の神武天皇の建国神話やヤマトタケルの武勇伝などが記載されている。天皇でいうと、初代から15代までだね。

下巻は16代の仁徳天皇から33代の推古天皇までで、それぞれの天皇の事績、系譜などが書かれている。

勇 古事記は日本の歴史にどんな影響を与えたの？

MQ ある意味では、日本のアイデンティティーを確立し、当時の人々が天皇を中心とした歴史を共有しているという意識を持たせたともいえるだろうね。

その後、720年には最古の官撰の正史である全30巻からなる日本書紀が完成した。作成には太安万侶も参加、天武天皇の息子の舎人親王も加わった。

以後、続々と歴史書が作られていくんだ。

「微妙」の意味の変化

「テストできた?」

「ビミョー」

こんな会話がいま、中高生を中心とした若者の間ではやっているらしい。君たちも使ったことがあるだろう。

この「ビミョー」は「微妙」と書く漢字語。「その言い方は微妙だ」といえば名詞、「それは微妙な言い方だ」といえば形容動詞ということになるね。

辞書によると①趣き深くなんともいえない美しさや味わい　②ひと言では言い尽くせない複雑な状況　③少し――の3つの意味がある。

①の意味では、「龍安寺の枯山水は無常感を微妙に表している」というふうに使う。これは枯山水のありさまを肯定的にとらえ、その美しさや味わいを強調しているともいえるね。

②の意味では「アメリカとロシアの関係はいま微妙です」というように使う。これは簡単には説明できない複雑な関係であることを表している。

③の意味では、「このオレンジジュースは微妙に甘い」なんて使う。この場合の微妙は「ほんの少し」ということだ。

だけど、最近君たちが「テストの結果はビミョー」というような場合の「微妙」はちょっと意味が異なるようだ。これは決して肯定しているわけではなく、むしろ、否定的に使われている。

本来、肯定的だった「微妙」がどうして否定的になったのか、ちょっと疑問。それも単なる否定ではなく、婉曲で、しかもちょっぴりの否定なんだ。

「テストの結果が微妙」というのは、決していい成績だったと言っているのではないが、それほどひどい成績だったわけでもない。あまり言いたくはないが、かといって黙っているのも失礼って感覚があるようだ。そして思ったよりは少し悪い成績、といった感じかな。

こうして、本来の意味から少しずれた意味で「微妙」が使われ出し、やがて大人たちも使うようになる。あるいは若者が大人になっても若者のときに使った意味のまま使うようになって、意味が変化をしていくのだろう。

「言葉は生きもの」といわれるけど、その典型的な例かもしれないね。

みんなの数学広場

答えは次のページ

TEXT BY かずはじめ
数学を子どもたちに、楽しく、わかりやすく、使ってもらえるように日夜研究している。
好きな言葉は、"笑う門には福来る"。

中1～中3までの各問題に生徒たちが答えています。
どの生徒が正しい答えを言っているか当ててみよう。
もちろん、当てずっぽうじゃなく、実際に問題を解いてみてね。

中3

ある2桁の数を2乗したら下2桁が36になった。
さて、この「ある2桁の数」は全部で何個ある?

2012^{2012}の一の位はいくつですか?

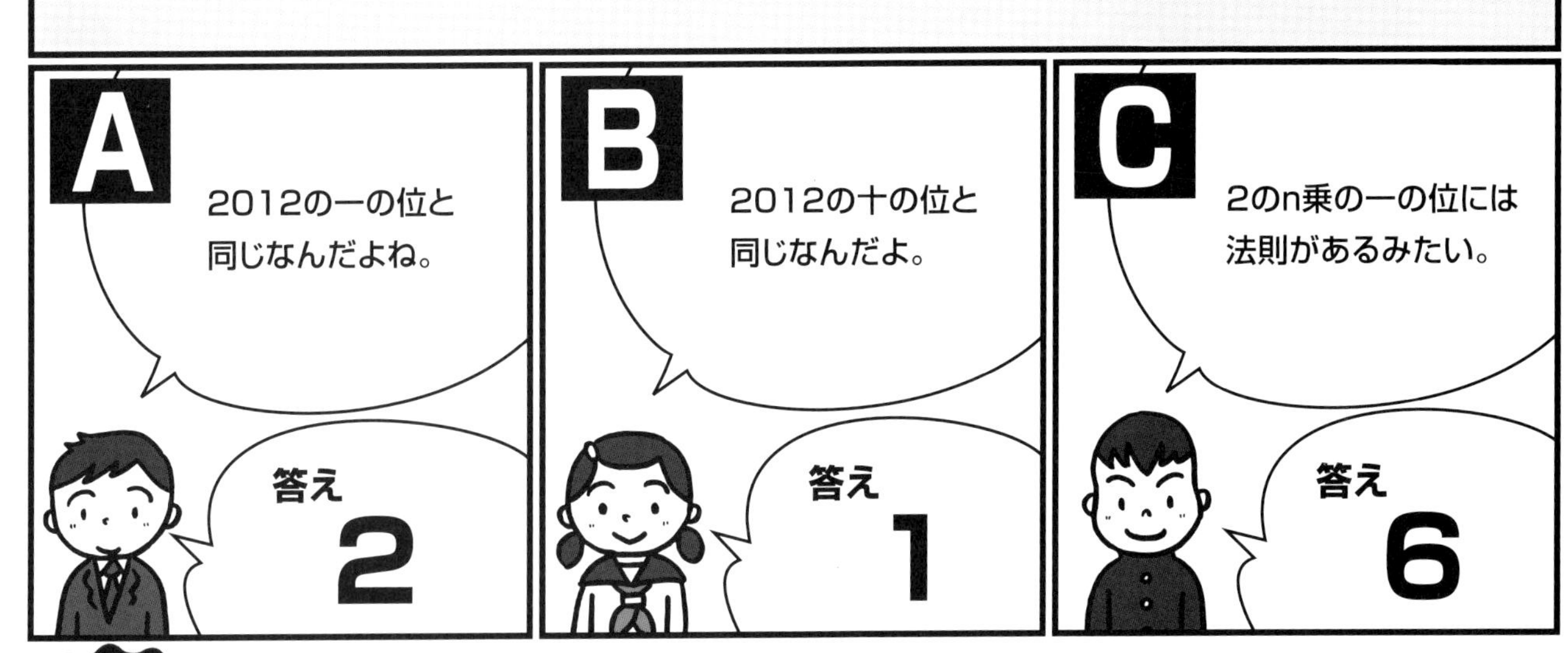

2012の約数の総和は、2012の2倍より
大きいか、小さいか、それとも等しいか?

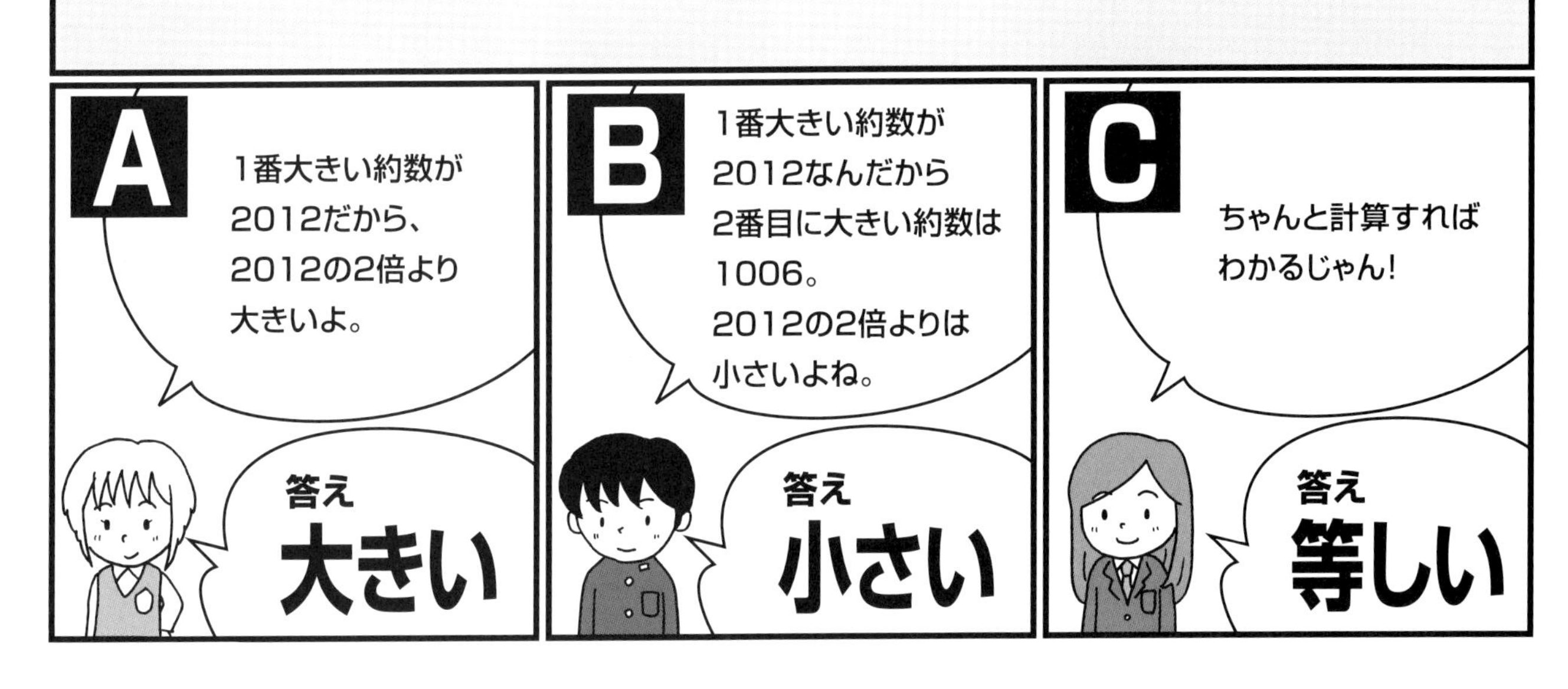

解答編

正解は 答え **C**

確かに一の位は4か6です。
それ以外の数は2乗しても一の位が6にはなりません。

（その1）
一の位が4のとき十の位をxとおくと
この2乗は

$$(10x+4)^2=100x^2+80x+16$$

（$100x^2$ は）100の倍数ですから

このうち、36を作ってくれるのは
$80x+16$
このxの候補は1〜9ですから
1〜9を代入して下2桁が36になるのは$x=4,9$
つまり$10x+4=44$または94の2コ

（その2）
一の位が6のとき十の位をyとおくと
この数は$10y+6$となります。
この2乗は

$$(10y+6)^2=100y^2+120y+36$$
$$=\underbrace{100y^2+100y}+20y+36$$

100の倍数ですから

36を作ってくれるのは
$20y+36$
このyの候補は1〜9ですから
1〜9を代入し、下2桁が36になるのは
$y=5$
つまり、$10y+6=56$
（その1）と（その2）を合わせて…
全部で**3つ**。

最後のつめが甘いなー。

それぞれ2つずつ？
手を抜いてはいけません！

正解は　答え **C**

2012^{2012}の一の位は、2012の一の位、つまり「2」の2012乗です。
ということは、2^{2012}から求めることができます。
$2^1=2$　$2^2=4$　$2^3=8$　$2^4=16$　$2^5=32$　$2^6=64$
$2^7=128$　$2^8=256$
一の位は2,4,8,6……をずっと繰り返します。
ですから2012÷4=503　つまり、2012は4の倍数ですから
2012^{2012}の一の位は　2^4の一の位と同じ**6**です。

正解は　答え **B**

実際に求めてみてもいいのですが約数は2つの積の片一方なので、
2012と1、1006と2、503と4
この6つが約数のすべて
2012以外の1006と503と4と2と1を合わせても
2012にはなりませんから
約数の総和は2倍より**小さく**なります。

明治大学

情報コミュニケーション学部3年

やまざき　ちひろ
山崎　千尋さん

なにかに一生懸命になれる人は勉強も頑張れる

国際交流やゼミを通して大学生活を満喫

——情報コミュニケーション学部とはどんな学部ですか。

「複合的でさまざまな学部の教科を勉強できます。1、2年次に基礎教育科目や情報コミュニケーション学を学び、2年次から『社会システムと公共性コース』、『組織と人間コース』、『言語と文化コース』、『メディアと人間コース』の4つから自分が学びたいコースを選択します。私は法律や犯罪などの講義が受講できる『社会システムと公共コース』を選択しています。情報コミュニケーション学部は各学部のいいとこ取りをしている学部と思ってもらえればいいと思います。」

——3年生ですが、就職活動はされていますか。

「自分自身はまだそんなに活動をしていないのですが、就活ゼミに入っている友だちは夏合宿などで面接の練習をしていて、すごく意識が高いので焦りを感じます。

しかもいまは企業のセミナーに登録するのもなかなかアクセスできない状態で、いかに早く予約が取れるか、時間との勝負になっています。

情報コミュニケーション学部の学生は選択しているコースによって志望する職種は変わってきます。私は文房具を扱っているメーカーに興味があり、企画などをやりたいと思っています。」

チュラビスタ市のコックス市長訪問

——これまで海外旅行や国際交流などはしましたか。

「大学1年生の夏に、小田原市の海外姉妹都市交流で、アメリカのカリフォルニア州チュラビスタ市の学生3人と交流しました。向こうの学生1人が12日間、私の家にホームステイして、お祭りに参加したり鎌倉や箱根に行ったり、日本の文化を体験してもらいました。そしていっしょの飛行機でアメリカに行き、14日間ホームステイしました。

カリフォルニアでは市長に会い、消防署や警察署を訪問しました。また小学校や老人ホームでボランティア活動をし、野球観戦にも行きました。チュラビスタ市は西海岸でビーチも近く、海外ドラマに出てくる風景そのままで感動しました。本当に楽しくていい体験ができてよかったです。

バスケットサークル JAM

1

部　活

中学、高校とバスケットボール部に入り、大学でもＪＡＭ（ジャム）というバスケのサークルに入っていました。

高校の自主練習では朝の６時に起きたりして頑張っていましたが、高校２年生の６月に前十字靭帯を切断してしまいました。一番大事なときだったので辛かったですね。ケガをしたあとも手術せずに騙しだましやっていたのですが結局、引退試合も出られませんでした。そして大学１年生のときに手術をしてバスケットができるようになりました。手術は思っていたほど辛くなかったので、いま思えば高校のときにすぐ手術していたらよかったです。

大学に入学したときはまだ完治していなくて、運動系じゃないサークルも探したのですが、やっぱり身体を動かさないのは自分に合わないのを感じて、いまのサークルをのぞいたときに楽しかったので入りました。

2

県立湘南高校を志望した理由

出身は小田原で受験校を決めるまでは地元の地区の高校に行くと思っていました。ですから藤沢にある湘南高校の存在をまったく知りませんでした。当時通っていた塾の先生から湘南高校をすすめられて、めざすようになりました。中学校の友だちに「湘南高校をめざすんだ」と言っても「どこ？なんでわざわざ遠いところに行くの？」と言われるくらい知らない友だちが多かったですね（笑）。

また、湘南生のほとんどは中学校のときに高校の体育祭を見て、入学したいと思ったみたいですが、私の場合は体育祭も文化祭も見たことがなかったです。

3

中学生のころの勉強法

中学生のころは、勉強をやればやるほど点数が取れたので楽しかったです。また、当時通っていた塾では、成績上位の人の名前が張り出されていたので、モチベーションがあがってやる気が出ていました。そういうふうにして競争していたのがよかったんだと思います。

4

通学時間

高校のときは片道１時間30分くらいかかっていました。いまでも実家から大学に通っているので２時間くらいかかります。みんなからすごいねと言われますが、高校のときからなので、慣れていて苦痛じゃないです。高校のときは、通学時間に英語の勉強をしていて、その効果でよくできた記憶があります。

5

受験生へのアドバイス

いままで部活などを一生懸命続けてやってきた人は、勉強も続けられると思うので、自信を持ってがんばってください。

その交流で旅行の楽しさを知り、その後スペインや台湾、韓国、１人旅で京都などにも行きました。京都ではゲストハウスでシンガポール人と友だちになりました。シンガポールに行ったら家に泊めてくれる約束をしたので、次はシンガポールに行く予定です。」

――ゼミではどんなことをしていますか。

「国際関係論のゼミに所属しています。昨年の12月10日に全13ゼミ25チーム、総勢約１２０名の学生が参加したゼミナール大会がありました。

審査に国際プレゼンテーション協会の人も招いた大会で『日本の原発輸出』という題材で、私たちのチームが優勝することができました。

大会前のゼミでプレ発表をしたところ、学生からの原発そのものの批判が強く、輸出の話しまでもっていけなかったんです。

ですからまず、『原発輸出を知っていますか？』と中立的な立場からもっと原発を知り、冷静に判断しましょうと訴え続けました。

原発のことを調べれば調べるほど、やはり原発はいけないんじゃないかと思いましたね。ただ、もっといいエネルギーの開発は必要ですが、現時点での日本の現状はベストではないけれど、ベターな選択だと思います。」

サクニュー!!
ニュースを入手しろ!!

産経新聞 編集委員 大野敏明

今月のキーワード

米大統領選挙 検索

今年はアメリカの大統領選挙が行われます。大統領選挙は4年に1度で、オリンピックの年やうるう年と同じです。

アメリカは世界一の大国で、その大統領はアメリカはもちろん、世界の政治、経済、軍事などに大きな影響力を持っていますから、アメリカ以外の国も大きな関心を持っています。

とくに日本は、アメリカと安全保障条約を結んでいますし、経済も緊密であり政治的にも多くの利害関係があることから、政界、官界、財界を問わず米大統領選挙の行方を注目しています。

大統領の任期は4年。再選は可能ですが、3選は認められていませんので、最高で8年務めることができます。

アメリカには民主党と共和党の2大政党があり、実質的にはこの両党の候補者で最終的に一騎討ちとなることがほとんどです。

今回は、民主党の現職大統領のオバマ氏が民主党の大統領候補となり、再選をめざすことがほぼ確実ですから、共和党の候補者がだれになるのかに関心が集まっています。

候補者は米国の50ある州ごとに決定されます。共和党は1月末の時点で、すでにアイオワ、ニューハンプシャー、サウスカロライナの3州で予備選挙が行われ、それぞれサントラム、ロムニー、ギングリッジの各候補が勝利を収めるという混戦になっています。

3月6日は、スーパーチューズデーといわれ、11の州で予備選挙が行われます。その勝者が、共和党の正式な候補者となる可能性が高くなります。

8月の末には共和党大会が開かれ候補者を決定、一方の民主党も9月の上旬には候補者を決定します。こうして大統領選挙が行われます。

11月6日には一般有権者による投票が行われ、12月17日には一般有権者の投票を受けた大統領選挙人が投票を行って、次期大統領を決めます。

米共和党ニューハンプシャー州予備選の勝利を家族と祝うミット・ロムニー元マサチューセッツ州知事(右)(アメリカ・ニューハンプシャー州マンチェスター)
AFP＝時事　撮影日:2012-01-10

選挙人の数は州ごとに決まっており、その州の過半数を制するとその州の選挙人はすべてその候補者に取られたことになり、獲得候補者数の合計が多い方が当選します。

したがって、一般有権者の得票が多い方が必ず当選するとは限りません。

来年1月6日には正式に当選者が決定、1月20日に就任式が行われます。

アメリカはこうして今年1年、選挙に明けくれます。

Question

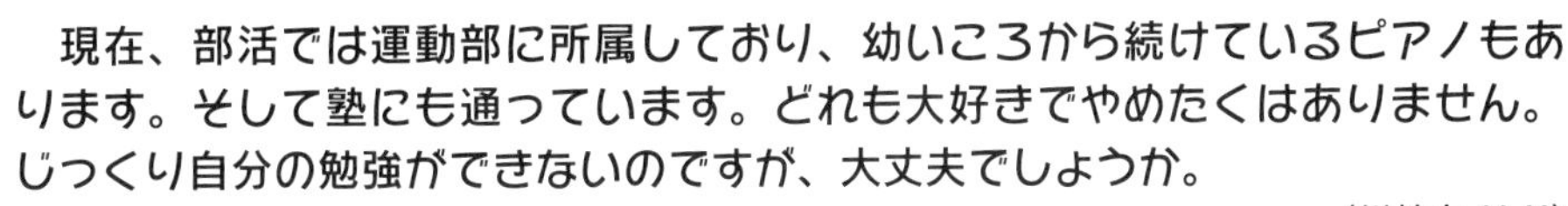

忙しくて勉強時間が取れません

現在、部活では運動部に所属しており、幼いころから続けているピアノもあります。そして塾にも通っています。どれも大好きでやめたくはありません。じっくり自分の勉強ができないのですが、大丈夫でしょうか。

（川崎市・Y・K）

Answer

勉強時間を工夫することによって集中した密度の濃い勉強ができます

忙しくて勉強をする時間がないと悩んでおられるようですが、非常に充実した中学校生活を送っていると感じました。確かに、部活、ピアノ、塾とスケジュール的には厳しい日々の連続かもしれません。でも、それらのどれもが好き、といえることはすばらしいことです。もし、このうち１つでもやめて時間ができたとしても、そこで空いたすべての時間を勉強に向けるというのは難しいでしょう。

勉強ではありませんが、「大事な仕事は、忙しい人に頼め」という格言があります。普通に考えると、忙しい人はなかなか仕事を受けられないように思えますが、忙しい人の方が、いい仕事ができるのだ、という意味で使われます。

これと同じで、日々の時間的なスケジュールに制約があるなかで、工夫して時間を見つけ、集中して自分の勉強をするようにしたらどうでしょうか。勉強というのは、時間をかけることに意味があるのではありません。短い時間であっても、密度の濃い勉強ができるなら、その方がいいのです。

中学校３年生の後半になり、高校入試を直前に控えたとき、きっといまの苦労は生きてきます。時間のないときに時間をみつけて努力できた人は、時間を有効に活用できる人になっているのです。

世界の大学 2011

国際化が叫ばれて久しい今日、みんながめざすのはなにも日本の大学だけじゃなくなってきたはずだ。今号では、「QS」「Times Higher Education」という2つの会社が発表した世界の大学ランキングだ。それぞれに評価の項目が違うため、ランキングの順位にも差が出ている。興味を持った人はぜひ、自分で調べてみよう！

QS World University Rankings

順位	大学名	国	得点
1	**ケンブリッジ大**	**イギリス**	**100.00**
2	ハーバード大	アメリカ	99.34
3	マサチューセッツ工科大	アメリカ	99.21
4	イェール大	アメリカ	98.84
5	オックスフォード大	イギリス	98.00
6	インペリアル・カレッジ・ロンドン	イギリス	97.64
7	ユニバーシティ・カレッジ・ロンドン	イギリス	97.33
8	シカゴ大	アメリカ	96.08
9	ペンシルバニア大	アメリカ	95.73
10	コロンビア大	アメリカ	95.28
11	スタンフォード大	アメリカ	93.44
12	カリフォルニア工科大	アメリカ	93.02
13	プリンストン大	アメリカ	91.91
14	ミシガン大	アメリカ	91.28
15	コーネル大	アメリカ	90.72
25	東京大	日本	85.90
32	京都大	日本	82.86
45	大阪大	日本	77.55
57	東京工業大	日本	72.71
70	東北大	日本	69.67

研究力（研究者の評価40%、教員1人当たりの被論文引用数20%）、就職力（雇用者側の評価10%）、国際性（外国人教員比率5%、外国人学生比率5%）、教育力（教員数と学生数の比率20%）などの6つの項目で評価

Times Higher Education World University Rankings

順位	大学名	国	得点
1	**カリフォルニア工科大**	**アメリカ**	**94.8**
2	ハーバード大	アメリカ	93.9
2	スタンフォード大	アメリカ	93.9
4	オックスフォード大	イギリス	93.6
5	プリンストン大	アメリカ	92.9
6	ケンブリッジ大	イギリス	92.4
7	マサチューセッツ工科大	アメリカ	92.3
8	インペリアル・カレッジ・ロンドン	イギリス	90.7
9	シカゴ大	アメリカ	90.2
10	カリフォルニア大バークレー校	アメリカ	89.8
11	イェール大	アメリカ	89.1
12	コロンビア大	アメリカ	87.5
13	カリフォルニア大ロサンゼルス校	アメリカ	87.3
14	ジョンズ・ホプキンス大	アメリカ	85.8
15	チューリッヒ工科大	スイス	85.0
30	東京大	日本	74.3
52	京都大	日本	64.8
108	東京工業大	日本	52.8
119	大阪大	日本	51.0
120	東北大	日本	50.8

「学習環境」「研究成果」「引用数」がそれぞれ30%、「イノベーション」が2.5%、「国際性」7.5%で評価

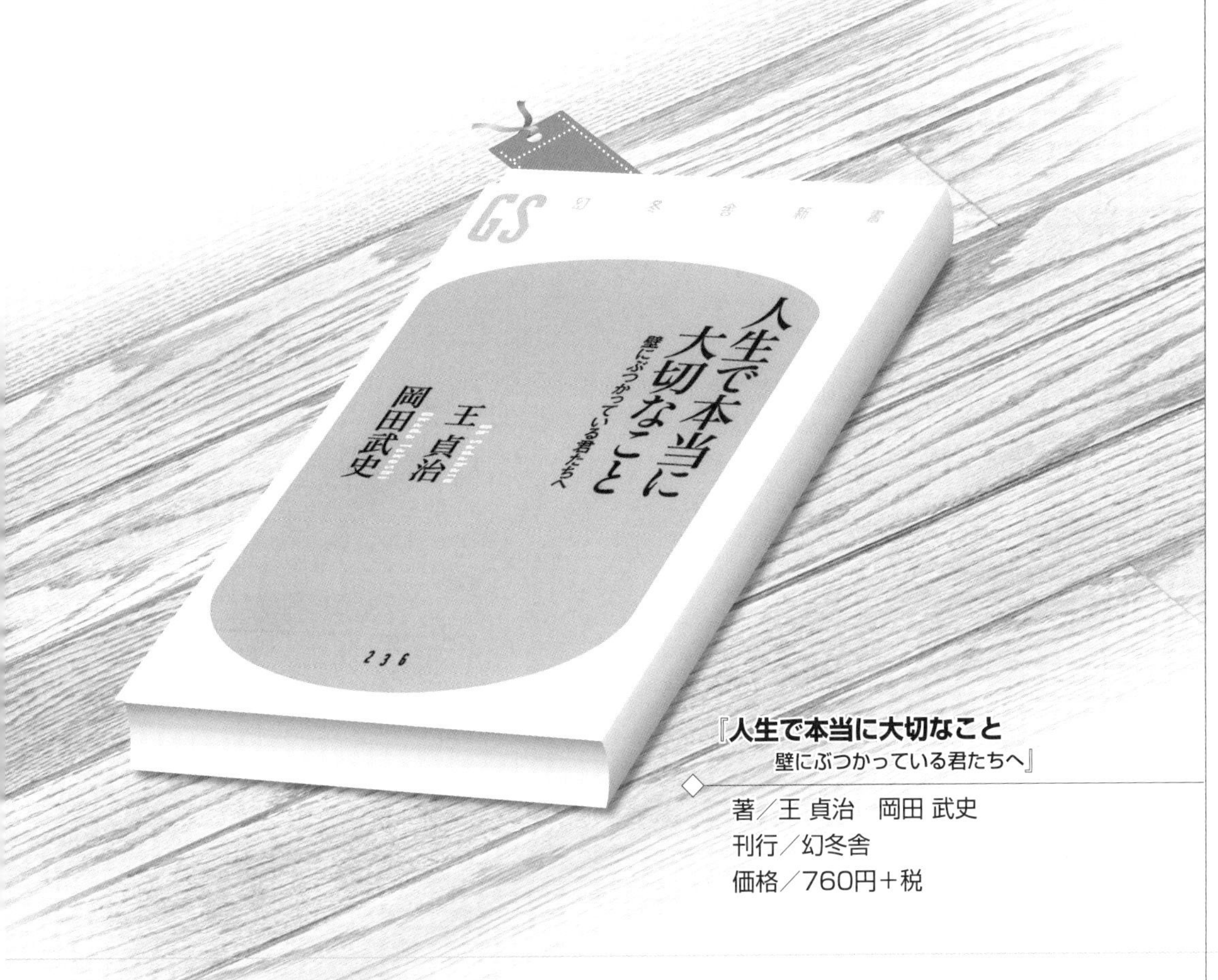

『人生で本当に大切なこと
壁にぶつかっている君たちへ』

著／王 貞治　岡田 武史
刊行／幻冬舎
価格／760円＋税

『人生で本当に大切なこと　壁にぶつかっている君たちへ』

たくさんの壁を乗り越えてきた2人からみんなへのメッセージ

この本は、生涯の選手生活で868本のホームランを打った「世界のホームラン王」王貞治さん（現・ソフトバンクホークス球団取締役会長）と、2010年のサッカーW杯南アフリカ大会で監督を務め、日本代表をベスト16に導いた岡田武史さん（現・杭州緑城監督）の対談本。この2人がこれまでの人生を振り返りながら、みんなのような若い人たちに向けてさまざまなことを語っている。

彼らのように大きな成功を収めた人の言葉というのは、とても重いと同時に、どうしても「才能があったからできたんじゃないの」なんて思ってしまいがちだ。

でも、この本のなかで自分たちがいかに失敗し、壁にぶつかり、くじけそうになったかを包み隠さず話している。

例えば、王さんは読売ジャイアンツに入団してからの3年間、「『このままプロとしてやっていけるんだろうか』という不安に押しつぶされそうでした」と本のなかで語っている。

そんな2人の語るテーマは第1話から第12話まで多岐にわたっている。

不安や失敗をたくさん乗り越えてきたという第1話に始まり、第3〜5話では、なにをすればいいか、なにをめざせばいいか迷うひまがあったら、とにかく踏み出してみよう。そうすればそこからエネルギーがわいてくるという「行動のススメ」が語られている。

ほかにも、「運」について、「『運』は誰にでも平等に来るんです。だから、つねに運をつかむように準備している人が『運』のいい人なんです」と岡田さんが語っている第7話など、思わずうなずいてしまうような言葉が、たくさんの具体的なエピソードとともに飛び出してくる。

第1話から読んでいかないと内容がわからなくなるというものでもないので、目次を見て興味をもったところから読み始めてみてもいいかもしれない。

中学3年生は高校生に、1・2年生はもうすぐ新学年になるこの時期だからこそ、読んでおきたい1冊だ。

SUCCESS CINEMA

サクセスシネマ vol.25

ネコ好きさんへ おすすめのネコ映画!

ハットしてキャット

2003年/アメリカ/ユニバーサル
監督：ボー・ウェルチ

「ハットしてキャット〈スペシャルエディション〉」DVD発売中
価　格:1,500円(税込)
発売元:パラマウント ジャパン

とにかく猫といっしょに笑おう!

劇場公開はアメリカのみ。日本での公開はなかったため、聞き覚えのないタイトルかもしれませんが、アメリカでは、映画館が子どもたちの笑い声であふれたというほどの、ユーモアいっぱいのコメディ映画です。

シングルマザーながら働き者の母親は、潔癖症の社長を招いて自宅でパーティをする予定になっていました。ところが、留守中に兄妹が部屋をめちゃくちゃに…。そこに現れたのが、マイク・マイヤーズ扮する帽子をかぶった喋る猫です。いたずら好きの兄、少し小生意気な妹は、この風変わりな猫とともに、まるで魔法にかけられたかのようなときを過ごします。

この作品はゴールデンラズベリー賞を受賞しました。ラズベリー賞とは、その年の最低作品、ミスキャストなどに贈られる不名誉な賞ですが、その一方では、よくも悪くもそれだけ人々の心を動かした注目作品であるということも言われています。英語タイトルは、“The Cat in the Hat”。韻とジョークを織り交ぜた日本語タイトルもユーモアたっぷりです。

こねこ

1996年/ロシア/モスフィルム
監督：イワン・ポポフ

「こねこ」DVD発売中
価　格:1,890円(税込)
発売元:アイ・ヴィー・シー

猫たちの名演技をご覧あれ!

1996年のロシア映画。ソビエト連邦から独立して約5年後に製作された作品であり、当時の苦しい経済状況や政治的背景と併せてみると、人々の心は平穏で愛に溢れた世の中を望んでいることを強く感じられる作品です。

ペット市場で祖母に子猫を買ってもらった姉弟はその子猫を「チグラーシャ」と名付け可愛がります。いたずら好きのチグラーシャはある日、窓から落ちてトラックの荷台に。そのまま遠い町まで運ばれてしまいました。ここからチグラーシャの小さな冒険が始まるのですが、動物たちの名演技にはびっくり。とくに圧巻なのが、ドーベルマンに襲われたチグラーシャを通りがかりの猫が守るシーン。迫力満点の熱演ぶり(!?)にはただただ驚かされます。他にも自由気ままな猫の愛らしさが散りばめられており、猫好きにはたまらない一作になってます。思いがけないところに待っていたチグラーシャとの再会シーンには、思わず顔がほころびます。この作品でカギを握っているフェージン役のアンドレイ・クズネツォフ氏は世界的な猫の調教師です。

猫の恩返し

2002年/日本/東宝
監督：森田宏幸

「猫の恩返し」DVD
価　格:4,935円(税込)
発売元:ウォルト・ディズニー・スタジオ・ジャパン
©2002 猫乃手堂・GNDHMT

猫の王子を助けた主人公は…

同じスタジオジブリの作品『耳をすませば』（1995年）からのスピンオフ映画。作家をめざす主人公の月島雫が描いた物語の内容が、本作のストーリー設定となっています。『耳をすませば』と併せて鑑賞すると、さらに深みが増すでしょう。

主人公のハルは平凡な女子学生でしたが、ある日、車にひかれそうになった猫を助けたことから、身の周りに不思議なことが起こります。

ハルが助けた猫は、なんと猫の国の王子だったのです。猫王は恩返しにと、猫じゃらしやネズミをプレゼントして、ハルに恩返しをしようとするのですが…。

ジブリならではのファンタジーアニメを豪華な声優陣たちが盛りあげます。主人公のハルを池脇千鶴が、少し間抜けな猫王を丹波哲郎が担当。また、ダンディでお洒落なバロンの声を袴田吉彦が爽やかに演じています。タキシード姿で凛(りん)とした語り口のバロンに、ハルが思わずうっとりする場面も。ハルはバロンから「いまをしっかり生きる」ということの大切さを学びました。

Educational Column

15歳の考現学

高校に進学したら
自分と学校が好循環を生むよう
よい出会いの場を作ることが大切

私立★INSIDE

私立高校受験

知っておきたい
私立高校のタイプ

公立★CLOSE UP

公立高校受験

志望校調査から探る
2012年度都立高校入試

BASIC LECTURE

高校入試の基礎知識

学校選びの基礎知識①
私立・公立・国立高校の違い

受験情報

monthly topics 1

埼玉公立

数学のワークシートを公開

埼玉県教育委員会は昨年12月、算数(小学生向け)・数学(中学生向け)の学力向上を趣旨とした「学力向上ワークシート」をホームページ上に公開した。

教職員向けだが、各学年、各単元別にワード形式となっている。ダウンロードすることによって、中学生でも家庭学習に活用できる優れものだ。ホームページは「埼玉県教育委員会　ワークシート」で検索できる。

monthly topics 2

千葉公立

千葉女子と安房に教員基礎コース

千葉県教育委員会は、県立学校改革推進プラン(案)と、その第1次実施プログラム(案)に関する意見募集を1月6日で終えた。

県立学校改革推進プランは、2012年度を初年度として10年間の県立学校改革に関する基本的な考え方を示すもの。

第1次実施プログラム(案)のなかで県立高校改革のおもなものには、2013年度から柏井に「国際コミュニケーションコース」、2014年度から千葉女子と安房に「教員基礎コース」、東葛飾に「医歯薬コース」、佐倉に「理数に関する学科」が新設され、2016年には成東が単位制普通科となり「理数に関する学科」が設置されることが含まれている。

Column 65

15歳の考現学

森上(もりがみ) 展安(のぶやす)

森上教育研究所所長。1953年、岡山県生まれ。
早稲田大学卒業。進学塾経営などを経て、1987年に「森上教育研究所」を設立。
「受験」をキーワードに幅広く教育問題をあつかう。近著に『教育持論』（英潮社）や
『入りやすくてお得な学校』『中学受験図鑑』（ともにダイヤモンド社）などがある。

中学時代とは違ってくる高校での集団と自分の位置

高校入試の〝ただなか〟ですが、入試での一般的な状況やニュースは、来年の受験生のためのもの。受験生本人にとっては合格か不合格かの二者択一だけがあって、いわば入試の喧噪(けんそう)とは裏腹に、おそらく「世界にただ1人いる」という孤独感こそ似つかわしい感覚ではないでしょうか。

答案を書いて出してしまえばあとは受験生自身のコントロールを文字通り離れてしまいます。

高校に進学すると、なんらかの条件で区切られた集団に所属するので、いわば属性のはっきりしたA高校の某という個人になります。これまでの多くの受験生が所属した公立中学生とは違って集団としての個性が固有性を帯びてきます。

これまでも公立中学にはおのずから地域の特性はあったでしょうが、それは地域の特性であって、学力別にランキングされた集団ではなかったでしょう。

例えばAという公立中学生であれば学力レベルが高いとか低いとか一概には決めつけられないし、先生だっていいも悪いも大きな差がないようになっていました。

そうは言ってもクラブ活動指導で合唱指導に秀でた先生が赴任すれば、たちまちその学校の合唱レベルがあがったり、バレーボールの指導に秀でた先生が赴任すればバレーの成績が県内屈指になる、などということはよく知られたことです。

そうしたスポーツや文化活動を見て、指導者でこんなにも違うものかという驚きがあるのは、みなさんもよくご存じのはずです。

高校は中学と違ってそういった集団の特性が固定したところがあり、指導者が比較的長く変わらないので学校文化の特色が色濃く出ます。

つまり入試という通過儀礼を経て、おそらく生まれて初めて社会的なメッセージ性のある集団の一員になり、それが他人から見て本人の第一の属性というか、性別、年齢、氏名の次にくるものになるのです。

例えば制服であったり、対外交流時のエール交換であったりという形で表出します。これは文化ですからそれ以外にも所作、振る舞いにおよびます。

自ら動いて出会いを作り 個性豊かな自分を作る

ある方からご相談を受けたのですが、ご子息が英国にある日本の学校に進学するかどうかの迷いとして、現地語である英語も、日本にいないので日本語・漢文古文も両方とも中途半端になるのではないか、という問いかけがありました。

女子ですと交際上手の人が多いので、あまりこうした心配はありませんが、年頃の男子なら十分に考えられる心配です。

これなど学校文化としては、むしろ海外にあるメリットを活かして現地の英国人と交流すれば英語は格段に磨かれるでしょうし、またより強く日本を意識しますから日本の古典や伝統的文化にかえって惹かれて、日本にいる人々より詳しくなる人が多いものです。

だから学校文化のよさを身につけられれば心配無用ですが、かといってその文化になじめないケースでは、先のような心配が起こってくることも反面の真実です。

海外の日本の学校ということで、わかりやすいのでこの例を出してみましたが、日本の通常の普通科の高校でも同じことで、その学校文化が肌に合わないまま、疎外感を味わうだけで、身につくところが少なかったということもありえます。それでは高校名がその人の属性どころか、かえってわずらわしい誤解を生むもとになりかねません。

じつは入学しても友人ができたり先生や先輩と親しくなるのはしばらく先になりますから、むしろ最初のうちは疎外感・違和感も感じるでしょう。ですから通常多くの学校にはウエルカムイベントがあり、そのイベント後は「その高校生らしくなる」と言われます。

その昔、武蔵高校（私立）などでは、新入生歓迎のため、上級生が教室の窓から新入生に向かってバケツの水をぶっかける、などという蛮風（ばんぷう）がありました。

大体、1学年160名くらいまでなら全員がお互いに顔見知りになれるでしょう。

しかし、大体400名規模の高校が少なくないので、そこでは全員がお互いに知り合うことは、おそらく難しいのではないでしょうか。

そうすると、タテの160名、つまり高校3学年で最大そのくらいになる小グループに属していると自他ともに顔がわかり、性格もわかりますから安心感や安定感ひいては所属感ができてきます。つまり、それはクラブですね。

普段の授業では、お互いに意見を交換し合うゼミ形式は日本の学校ではまだまだ少ないでしょうから、できればそういった文化系サークルも1つ加えたいところです。こうして全人格的なおつきあいが可能な小集団活動を、気に入ったところから始めることが高校生活を充実させるでしょうし、学校文化とうまく折り合いをつけていく方法でしょう。

先の海外の日本の学校でいえば、英国の高校との交流サークルに入れば英語はブラッシュアップするでしょう。学校のなかで日本人同士の伝統文化研究会などのサークルがあれば入りたいし、なければ創る、などということがよいでしょう。

高校入試は選んだという行為と選ばれたという運命との「出会い」です。でもこの出会いは、それだけで済ませてしまえば、「出会わなかったこと」とそう変わりがない結果を生むかもしれません。

ある進学校でクラブの人としか友人になれなかったということさえ聞いています。なぜかというとクラスの休憩時間には、お互い声をかけずそれぞれ孤独に過ごすというのです。

とても妙なことです。この例は極端ですが、ないとは言い切れません。

ここはせっかくの出会いなのですから、自ら動いてみることです。

ある開成高校生は、在学中に文化施設を巡るサークルを立ちあげました。それこそやりたいサークルを自ら創ったのです。彼にとって高校入学は出会いのきっかけとなりました。

自ら動いて、仲間と一緒に1つの出会いを作ることが「出会いの果実」を作ります。その過程こそが、自らの個性を学校をつうじて豊かにしていく方法だと思います。

その昔、学習院高等科は、白樺派という大正期の文化を代表する作家の温床となりました。有名無名はあっても高校での活動はよく時代を代表する文化活動にもなります。そうして若者は自らの世界観を形成していくのが常ですね。

入試の次は本当の出会いを作りましょう。

私立★INSIDE

知っておきたい 私立高校のタイプ

このページは、首都圏の私立高校を取りまく状況を、そのときどきのニュースもとらえながらお知らせしていくコーナーです。今回は2013年度入試に向けたスタートにあたって、私立高校にはどんなタイプの学校があるのかを知って、その第1歩としたいと思います。

学科の面から考える

みなさんは、受験する高校をもう決めていますか。学校が決まってはいなくとも、将来どんな道に進みたいかを考えていますか。

高校受験のモチベーションを考えるとき、目標を持っている人といない人とでは、大きな差がついてしまいます。

また、受験のスケジュールを考えると、中1終了時点までに「行きたい高校」が決まっているに越したことはありません。遅くとも中2に入れば目標とする高校を持っておくことが大切です。

その理由として、中2の学習内容が、高校受験では最も重要だということ、部活動とのバランスが難しい時期に重なること、内申成績が受験に影響する時期だということがあげられます。

さて、学校選びにあたって、高校にはどんな学校があるのかを、まず知らなければなりません。

ここでは、首都圏の私立高校について考えていきます。今回は学科の面から、高校のタイプについて考えます。

なお、70ページの「高校入試の基礎知識」では、私立高校と公立高校、国立高校の違いを解説しています。また、次号では「共学校と男子校・女子校の特徴」についてあつかいます。そちらも学校選びの参考にしてください。

進学校と大学附属校

首都圏の私立全日制の高校を、履修学科の面から分けると、普通科と専門学科の高校とに分けられ、また、ごく少数ですが、その特徴を併せ持つ総合学科高校があります。

高校を選ぶときに、まず考えてほしいことは、3年後、高校を卒業したら、どのような道に進みたいのかということです。

将来の進路は、まだ中学生の君たちにとっては難しい選択かも知れませんが、少なくとも大学受験をするのか、大学進学はせず、専門的な知識を身につけて就職に活かしたいのかという選択は必要です。

大学進学をめざすのであれば、普通科の高校を選ぶべきです。

普通科から大学をめざす場合でも、2つの選択があります。

それは進学校を選ぶのか、大学附

属校を選ぶのか、という2つです。

そのほか、専門学科高校や総合学科高校から大学へ進む道も閉ざされているわけではありません。

◆進学校

「進学校」とは、大学進学をめざす生徒が多く、大学受験態勢の整った高校のことを言いますが、難関大学に多くの合格者を輩出している学校を、とくに「進学校」と呼んでいる場合もあります。これらの学校は、「難関校」や「上位校」とも呼ばれます。

大学進学率が高いということは、大学受験に対応した指導体制が整っていると考えることができます。授業でも進度の速いメソッドや進路別のクラス分けなど、学校ごとの工夫が見られます。

さて、その進学校を調べる場合ですが、大学進学実績を比較するとき、まず難関大学への合格者数を比べたくなります。

しかし、1人の卒業生が複数の大学に合格している場合は、その数が合計されていますし、高校ごとに卒業生の人数が異なるので、合格者"数"の大小で高校同士を比較することはナンセンスです。

進学実績に自信があり、良心的な一部の高校では大学別の『進学者数』と卒業者数、さらには現役生と浪人生別の進学者数まで開示しています。『現役合格者の比率』をチェックできれば、その学校が「現役での大学合格に力を入れている」のか「浪人してでも難関大学進学をめざす」のかがわかります。

行きたい大学や文系・理系のどちらに進みたいのかが決まっている人は、希望大学への指定校推薦があるか、文系に強いのか理系に強いのかについても調べるといいでしょう

◆大学附属校

「進学校」に対比される学校として「大学附属校」があります。

早大、慶應大、明大、青山学院大、立教大、中大、法政大、日大などの大学附属校は、系列大学に進学することを前提に教育を進めます。

生徒のほとんどが系列の大学に内部進学できるこれらの高校では、大学受験の準備に追われることなく自分のやりたい勉強や部活動などに打ち込むことができます。

ただ、これらの大学附属高校を選ぶ際には、系列大学に自分の志望する学部があるか、その学部には何人が内部進学できるのかといった点もチェックしましょう。

医学部など人気のある学部は、推薦人数が少なく附属校であっても入学後に相当な努力が必要となります。

また、これらの大学附属校で、系列大学以外の大学を志望する場合や、国立大学をめざしたり、系列大学に志望学部がない場合などは、大学受験の準備を自分でしなくてはなりません。この場合、大学附属校では受験体制が整っていないことも多く、予備校や塾などを活用していくことになります。

また、大学附属校であっても、他大学受験に熱心な学校もあります。

そうした学校は「半附属校」とか、「半進学校」と呼ばれています。

これらの学校では、「進学校」に近い大学受験へのバックアップ態勢がとられるのが普通です。ただし、他大学を受験する場合にも系列大学への内部進学制度の権利が使えるのかどうかもチェックしておきましょう。

このように同じ大学附属校といっても2つのタイプがあります。大学附属校を選ぶ段階で、将来の大学進学にあたって、どのような姿勢、進路選択で臨むのかを、しっかりと確かめておくことが必要です。

ちなみに、大学附属校といっても国立大学の附属校は、もともと研究目的のための設立で、高校から大学への推薦入学は、枠そのものが設定されていません。

大学へ進学を希望する場合に、幅広い大学から選択をしたいのであれば、大学進学に力を入れており進学実績が高い「進学校」を選ぶとよいでしょう。大学には進みたいがゆとりある高校生活を送りたい、または行きたい大学が決まっていて、その大学に附属高校があるのであれば、大学附属校に進むとよいでしょう。

ただ、大学附属校から併設大学への推薦を受けるには、成績が一定以上必要という場合もあり、それに到達しないと大学進学時に苦労することもあります。入学前に、大学推薦状況について、確認しておきましょう。

専門学科高校と総合学科高校

この『サクセス15』をお読みになっている方は、大学進学をめざしている場合がほとんどでしょうが、高校を学科で分けた場合の、他のタイプの高校にも少し触れておきましょう。

◆専門学科高校

前述した進学校や大学附属校はいずれも普通科の学校です。

これらとは異なる「専門学科高校」とは、工業、農業、商業、家政科などの専門教育を施す高校です。

専門学科高校卒業後は専門知識を生かして就職する人が多くなります。

これらのことが「職業系高校」と呼ばれる所以（ゆえん）でもあります。

このタイプの高校では、専門的な知識や技術を身につけることができますから、社会に出れば即戦力として扱われます。また、簿記などの資格を高校在学中に取得することもできます。

大学受験も可能ですが、カリキュラムなどが大学受験には対応しきれていない場合があり、その場合は自分で努力することになります。

ただ、簿記などのように有益な資格を取得することで、大学のAO入試の対象になる場合も増えてきています。

体育系や芸術系などの専門学科高校を受験する際は、実技が入試科目になっている場合が多く、事前に特別な準備が必要となります。

【おもな専門学科】

▽**工業系**　工業科・機械科・電気科・総合技術科・建築科・建設科・工業デザイン科

▽**農業・水産系**　農業科・農林科・園芸科・食品科学科・畜産科・緑地計画科・海洋科

▽**商業系**　商業科・情報処理科・国際会計科・ビジネスコミュニケーション科・総合ビジネス科

▽**芸術系**　芸術科・音楽科・美術科・映像芸術科・舞台芸術科

▽**家政系**　家政科・生活文化科・服飾科・食物科・保育科

▽**体育系**　体育科・保健体育科・スポーツ科学科

▽**看護・福祉系**　看護科・福祉科

▽**語学系**　英語科・国際コミュニケーション科

◆総合学科高校

総合学科高校は総合高校とも呼ばれ、普通科の授業のほかに専門学科（理数科・外国語科・商業科・工業科・農業科など）の授業を選択でき、普通科高校と専門学科高校の特徴を合わせ持つ学校といえます。

総合学科高校では、普通科目と専門科目のさまざまな科目のなかから、自分の興味・関心・進路希望に合わせて幅広く学習ができますが、専門学科の科目を25単位以上取得しなければなりません。

総合学科高校は、そのほとんどが公立高校に設置されていますが、首都圏でもごく少数ですが、私立高校、国立高校のなかに総合学科を設置している高校があります。

首都圏の私立高校では、旭丘（神奈川）、国際学院（埼玉）に総合学科があります。国立高校では筑波大学附属坂戸（埼玉）が全国で初めて総合学科を設置した高校とされています。

ご提案型の教育旅行会社って？

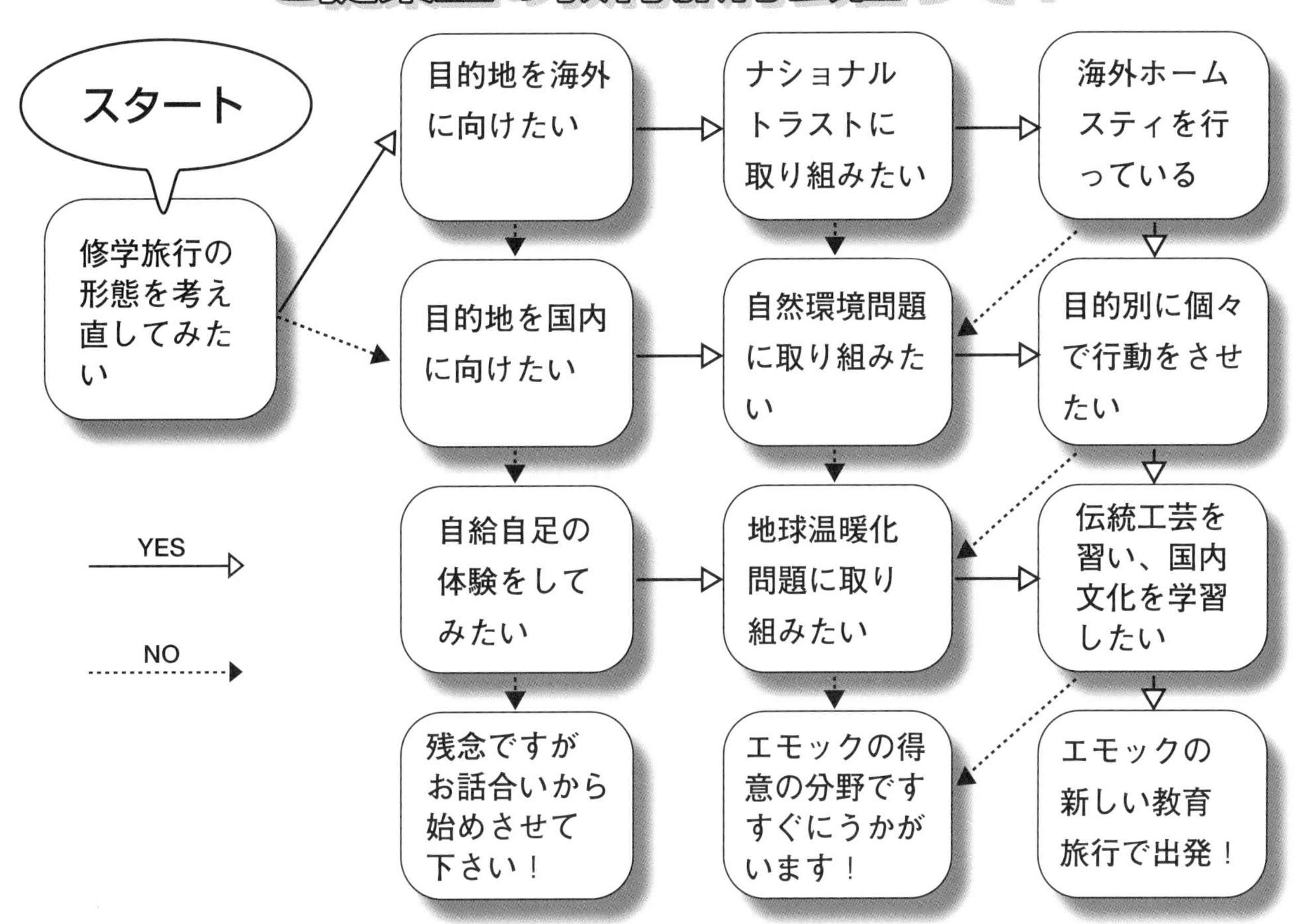

従来の名所旧跡を訪ねる修学旅行から、最近ではさまざまなテーマを生徒個々または小グループごとにコンセプトメークしひとつの社会貢献の一環として、位置づける学習旅行へと形態移行しつつあります。

小社では国内及び海外の各種特殊業界視察旅行を長年の経験と実績で培い、これらのノウハウを学校教育の現場で取り入れていただき、保護者、先生、生徒と一体化した旅行づくりを行っております。

一例

- 海、山、川の動物、小動物の生態系研究
- 春の田植えと秋の収穫体験、自給自足のキャンプ
- 生ごみ処理、生活廃水、産業廃棄物、地球温暖化などの環境問題研究
- ナショナルトラスト（環境保全施設、自然環境、道の駅、ウォーキング）
- 語学研修（ホームスティ、ドミトリー、チューター付研修）など

[取扱旅行代理店]　**（株）エモック・エンタープライズ**

担当：山本／半田

国土交通大臣登録旅行業第1144号　日本旅行業協会正会員（JATA）
東京都港区西新橋1-19-3　第２双葉ビル２階　☎ 03-3507-9777（代）
E-mail:amok-enterprise@amok.co.jp　URL:http://www.amok.co.jp/

志望校調査から探る 2012年度都立高校入試

安田教育研究所　副代表　平松 享

都内公立中学３年生の「志望予定調査」の結果から、2012年の都立入試の傾向を進学指導重点校などを中心に予測しまとめました。

都内の公立中学校では、毎年、中学3年生の「志望予定調査」を行っています。調査は、担任の先生が三者面談で希望の進路先を受験生・保護者に尋ねるという形で行われています。

志望先が「都立」の場合は、具体的な学校名を記録し、それ以外の場合は、学校名を省いて、「国立」、「私立」などの集計だけをしています。「都立」の志望者数や倍率は、学校ごとに新聞各紙に発表されています。

志望倍率は、12月の時点での志望者数から計算したもので、実際の倍率とは異なります。しかし、志望倍率は一般入試の倍率を推定する大きな手がかりになります。

普通科旧学区の志望倍率下がる

都内にある公立の中学校の卒業予定者数は約7万6000名。このうちの約7割が都立高校を志望しています。男女別にみると、男子68・1%、女子は74・1%で、どちらも現在の選抜制度が始まって以来最高の値でした。

都立全体の平均志望倍率も、1・32倍と最高値を更新しました。

今年は、中学3年生の人数が昨年より約2100名多くなるため、都では、**江北**など普通科旧学区の29校で、各1学級、募集を増やしました。このため、学科別の平均志望倍率では、普通科旧学区の倍率は下がりました。

代わって普通科単位制、商業科、工業科、農業科、科学技術科、産業科などの倍率が高くなりました。食品、園芸、自動車など、「手に職」系の専門学科の志望者が増えています。

	10年	11年	12年
都立計	1.31	1.31	1.32
普学(男)	1.33	1.36	1.32
普学(女)	1.42	1.45	1.44
普単位制	1.37	1.34	1.46
商業科	1.03	0.95	1.03
工業科	1.07	1.05	1.17
科学技術科	1.04	0.95	1.5
産業科	1.1	1.18	1.34
農業科	1.5	1.32	1.41
総合学科	1.21	1.17	1.13

レンジ別志望者志望倍率の推移

①②のグラフでは、普通科旧学区の都立高校を、模試の合格基準で5つのレンジに区切り、志望者数と平均志望倍率の推移を調べました。

男子では、最上位（～800）が高く、下方に移るにつれて徐々に低くなっています。また、昨年できたコブが、今年は消えています。このレンジでは志望者が増えていますが、同時に、募集を増やした学校が集まっていて、倍率が下がったと考えられます。

一方、女子では、分布の様子は昨年とほとんど変わっていません。募集増に見合う志望者の増加があったようです。前年との違いでは、男女とも、昨年低下した最上位がわずかですが上昇しています。

グラフ① レンジ別（旧学区男子）

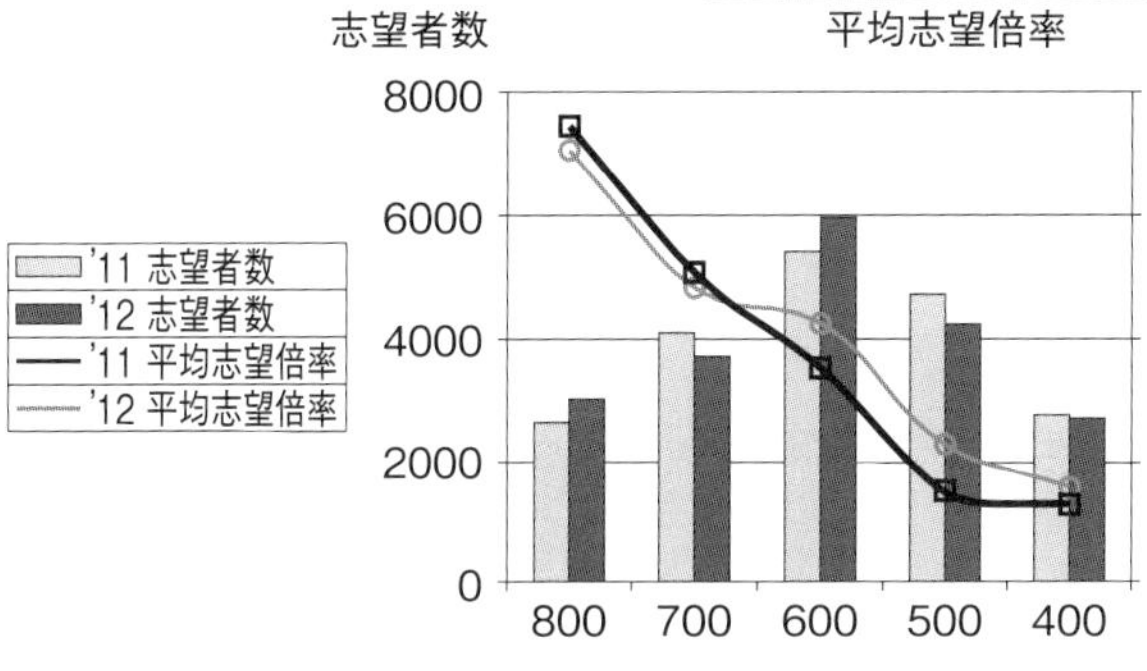

グラフ② 同（旧学区女子）

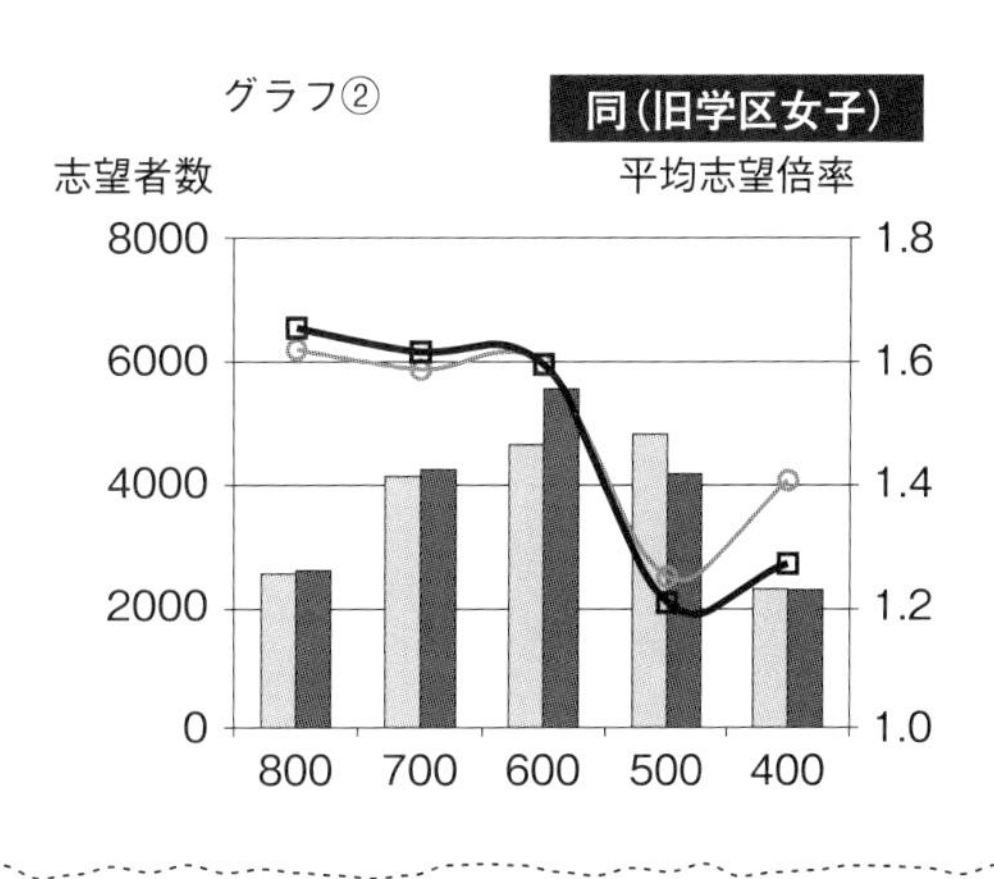

再び志望者数が増えた進学指導重点校

進学指導重点校の志望者は、昨年減少しましたが、今年は男女とも増加しました（グラフ③）。

グラフ③ 進学指導重点校（最近5年間）

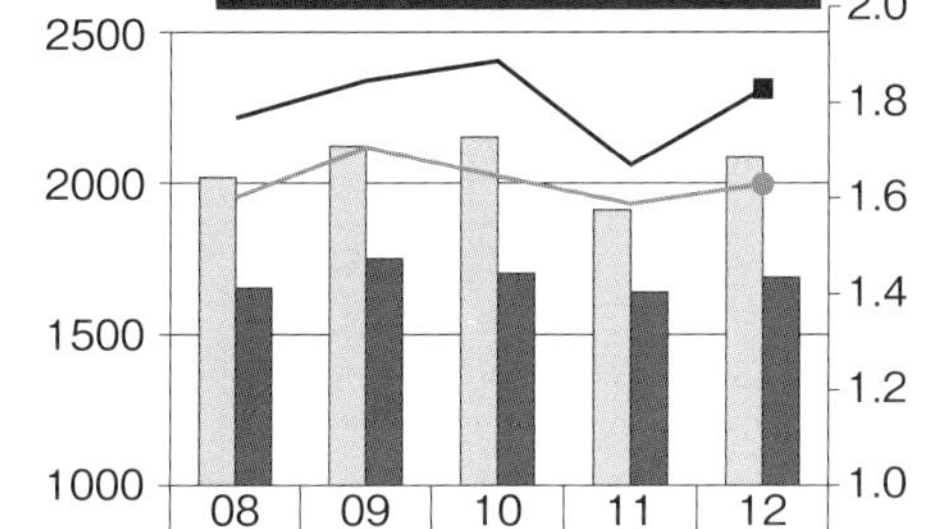

	08	09	10	11	12
男子 志望者数	2019	2024	2157	1907	2084
女子 志望者数	1654	1753	1699	1640	1677
男子 志望倍率	1.77	1.85	1.89	1.67	1.82
女子 志望倍率	1.60	1.71	1.65	1.59	1.63

グラフ④では、一昨年から昨年にかけて、各校の前年からの増減を男女別に示しました。昨年は**西**、**国立**、**戸山**で志望者数が前年より大幅に減少しましたが、グラフ⑤を見ると今年はその3校が増えています。

グラフ④ 前年増減（10年→11年）

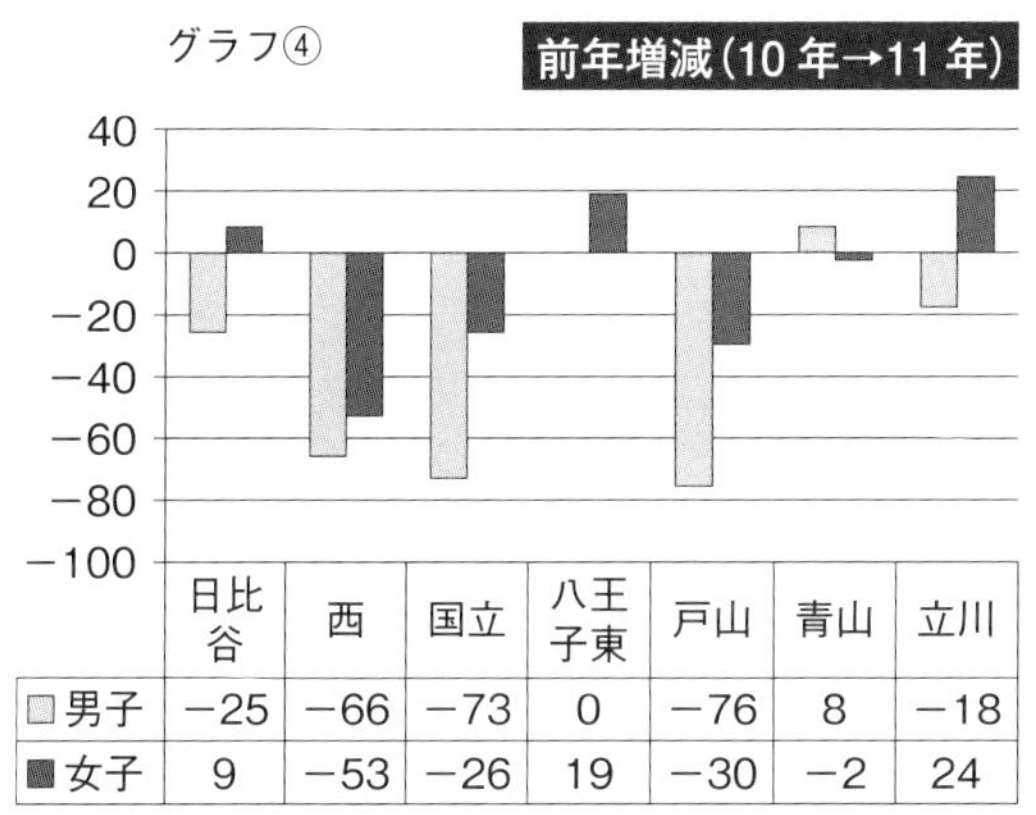

	日比谷	西	国立	八王子東	戸山	青山	立川
男子	−25	−66	−73	0	−76	8	−18
女子	9	−53	−26	19	−30	−2	24

グラフ⑤ 前年増減（11年→12年）

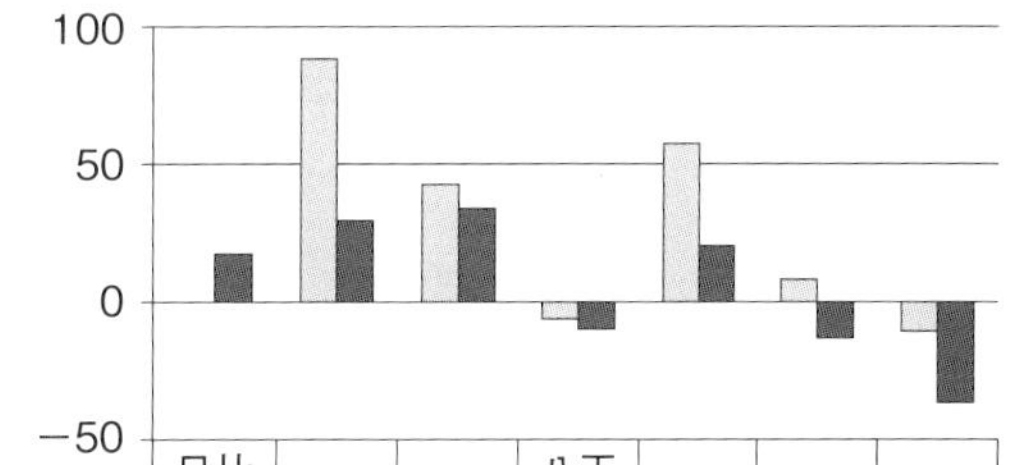

	日比谷	西	国立	八王子東	戸山	青山	立川
男子	0	88	42	−6	56	8	−11
女子	17	29	33	−10	19	−14	−37

全体では、7校合計で前年より214名（男子177名、女子37名）増えました。このうち、**日比谷**、**西**、**国立**の3校合計の増加数を調べると、男子130名、女子79名、男女計209名でした。増加幅の大部分をトップ3校が稼いでいることがわかります。

今春の卒業予定者は、2009年に公立中学に入学した生徒で、中学入試では受験校を絞った者も多かったと考えられます。そうしたリベンジ組が、進学指導重点校を第1志望に選んだのだと思います。

グラフ⑥ 進学指導特別推進校合計（最近5年間）

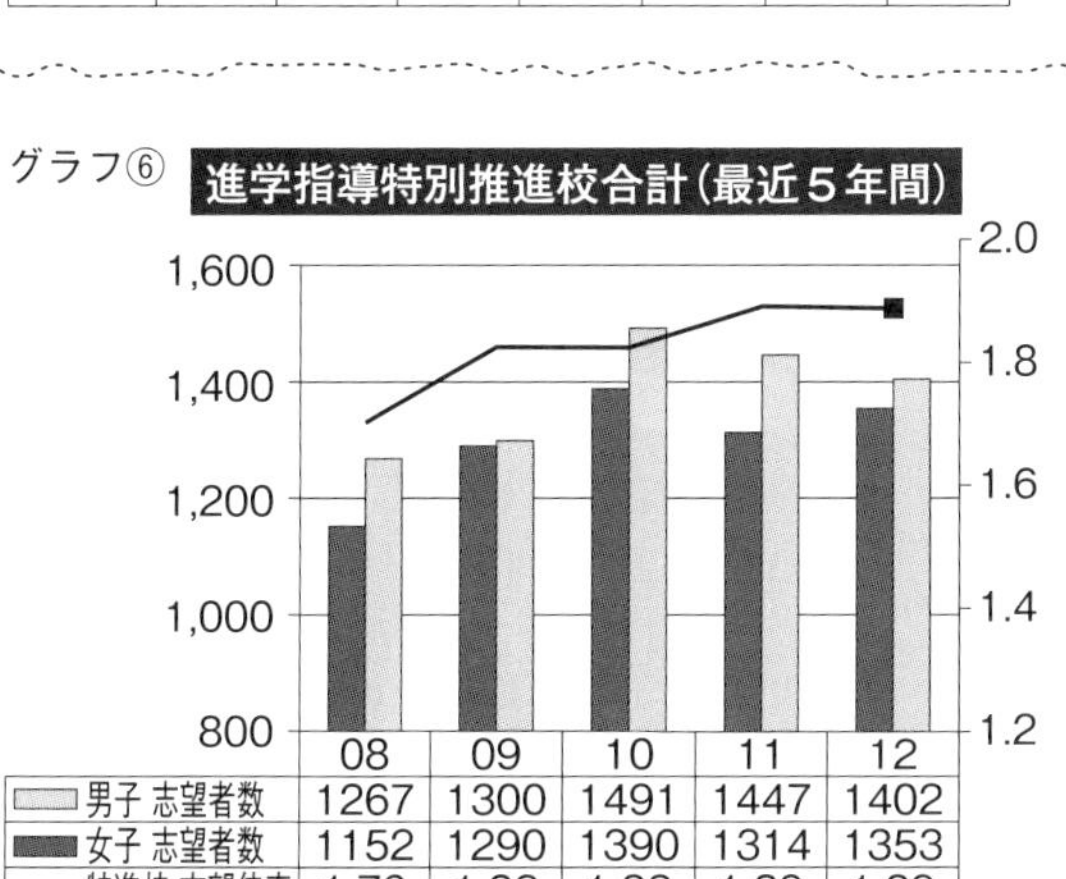

	08	09	10	11	12
男子 志望者数	1267	1300	1491	1447	1402
女子 志望者数	1152	1290	1390	1314	1353
特進校 志望倍率	1.70	1.82	1.82	1.89	1.89

進学指導特別推進校

進学指導特別推進校と推進校の志望者数

グラフ⑥から、前年と比べて、進学指導特別推進校の志望者は合計で、男子が減り、女子は増えています。5校平均の志望倍率は、前年と同じ1・89倍でした。

志望倍率の前年からの推移を学校別にみると、**新宿**が1・98倍→2・30倍と大幅にアップしています。

小山台の男女と、**駒場**の女子は上昇しましたが、**駒場**の男子、**町田**の男女と**国分寺**はダウンしました。

推進校は、合計の志望者数を増やしましたが、**江北**、**江戸川**、**日野台**の3校で、募集する学級数を各1学級増やしたので、倍率は変わっていません。

各校の志望倍率の推移をみると、**国際**と**墨田川**が3年連続して上昇しています。学級増を行った**江北**の伸び（男子…1・28倍→1・42倍、女子…0・95倍→1・23倍）も目立ちます。

12月号でお伝えしましたが、**江北**は昨年の大学合格実績が同程度の合格基準の高校と比べて、飛び抜けて高く、受験生の期待が高まっていました。

また推薦入試では、今春からすべての推進校が「小論文または作文」を導入することになりましたが、志望者の集まり方で見ると、それによる一般入試への影響はない様子です。

最上位は厳しい戦いが続く

全体として都立は、「安全志向」が続いています。しかし最上位では、これまで早慶や国立大などを第1志望に選んでいた生徒が加わって、進学指導重点校（とくにトップ3校）では、厳しい戦いが予想されます。

新宿男女計

	08	09	10	11	12
志望者数	614	672	763	626	726
志望倍率	1.94	2.13	2.41	1.98	2.30

新宿　前々年近くまで増加し2倍超に【前年一般受検倍率…2.14倍。今春予測…2.08倍】

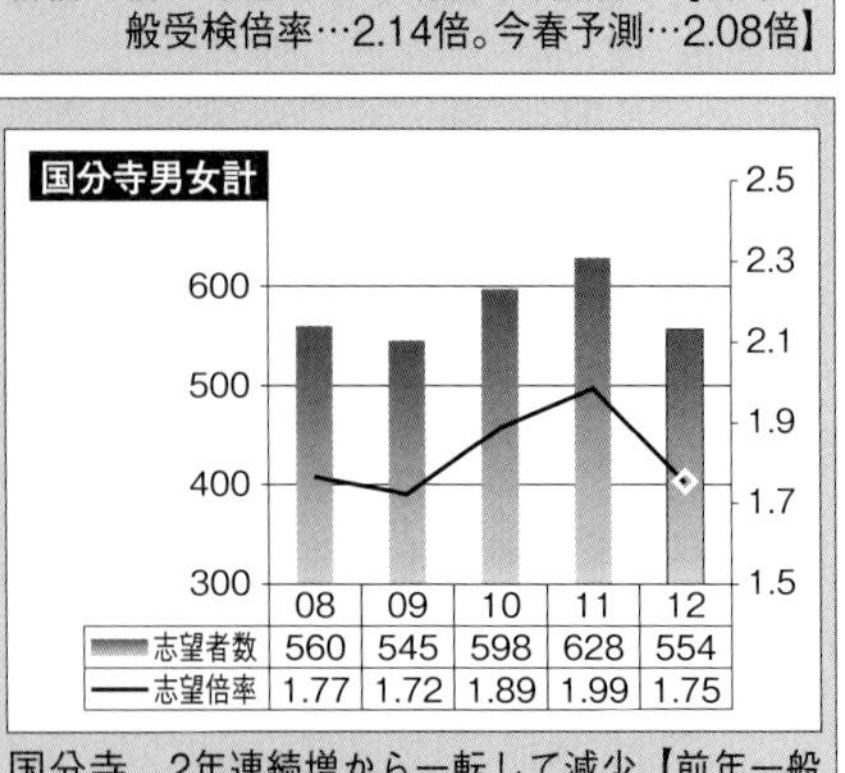

	08	09	10	11	12
志望者数	560	545	598	628	554
志望倍率	1.77	1.72	1.89	1.99	1.75

国分寺　2年連続増から一転して減少【前年一般受検倍率…2.07倍。今春予測…1.81倍】

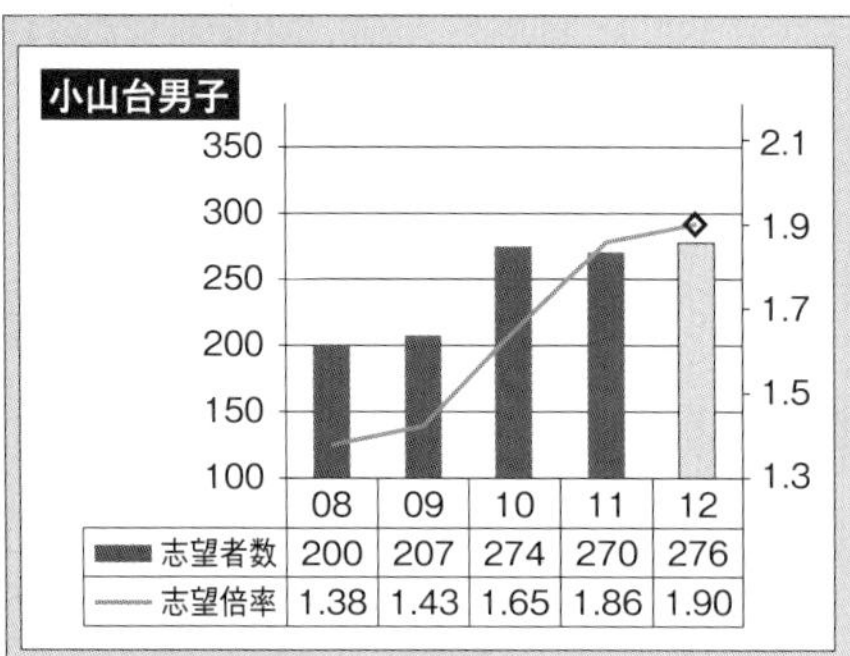

	08	09	10	11	12
志望者数	200	207	274	270	276
志望倍率	1.38	1.43	1.65	1.86	1.90

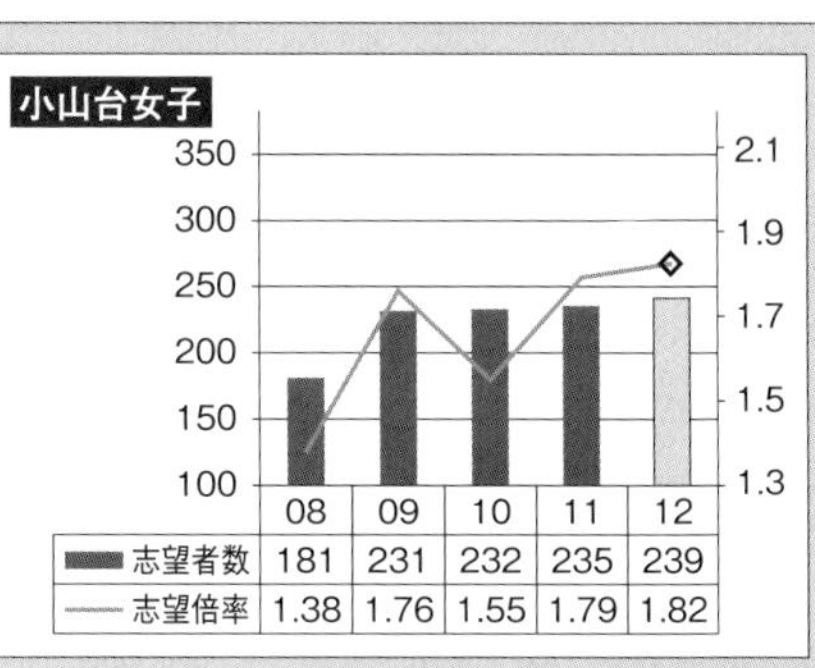

	08	09	10	11	12
志望者数	181	231	232	235	239
志望倍率	1.38	1.76	1.55	1.79	1.82

小山台　男女とも1.8倍超と高倍率をキープ【前年一般受検倍率…男子1.82倍、女子1.95倍。今春予測…男子1.83倍、女子1.90倍】

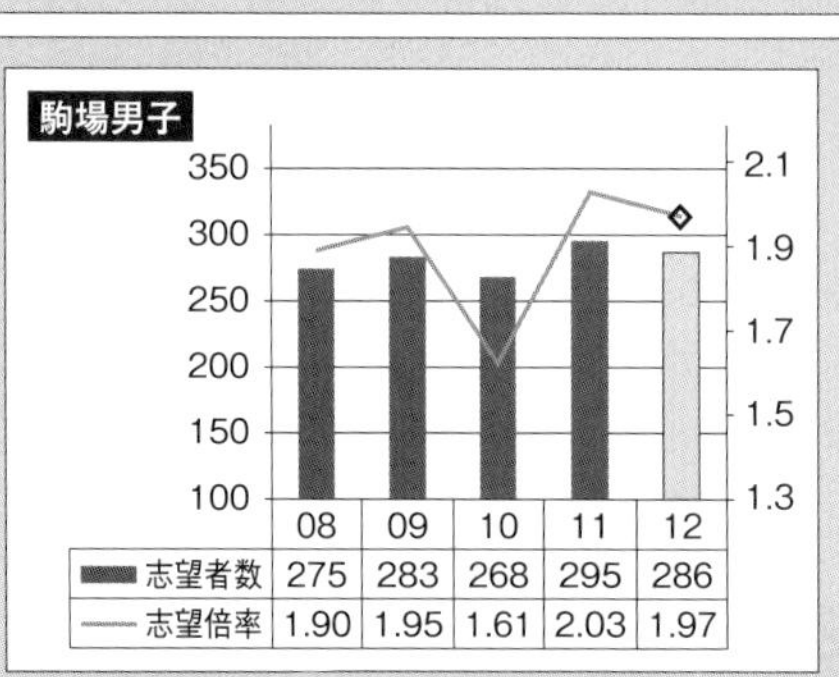

	08	09	10	11	12
志望者数	275	283	268	295	286
志望倍率	1.90	1.95	1.61	2.03	1.97

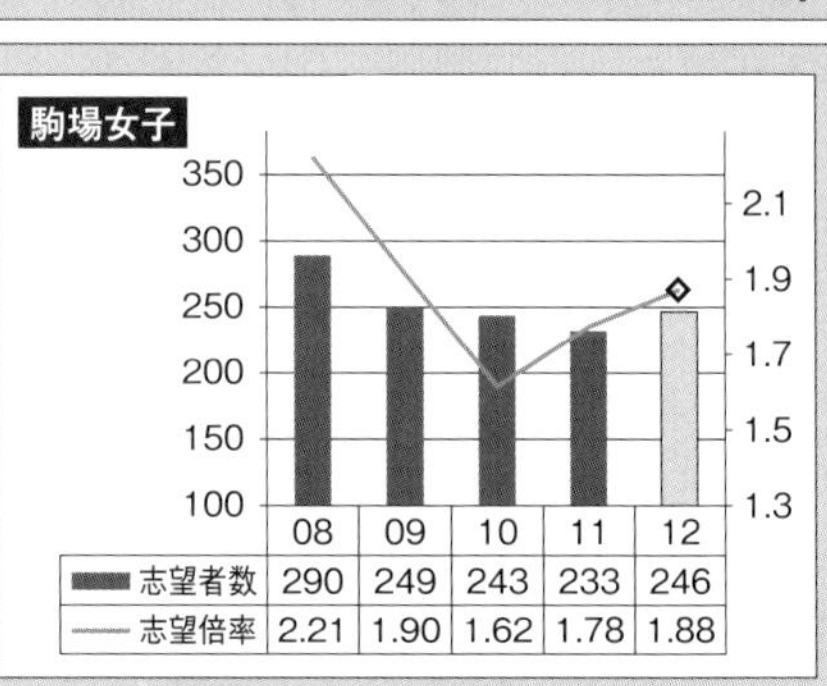

	08	09	10	11	12
志望者数	290	249	243	233	246
志望倍率	2.21	1.90	1.62	1.78	1.88

駒場　前々年臨増で低下した倍率が回復【前年一般受検倍率…男子1.94倍、女子1.93倍。今春予測…男子1.84倍、女子2.02倍】

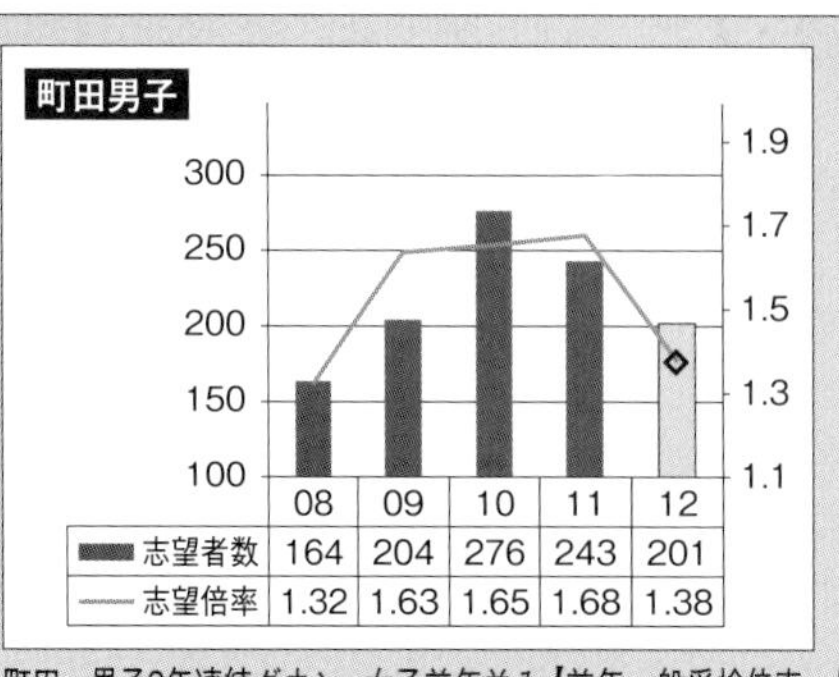

	08	09	10	11	12
志望者数	164	204	276	243	201
志望倍率	1.32	1.63	1.65	1.68	1.38

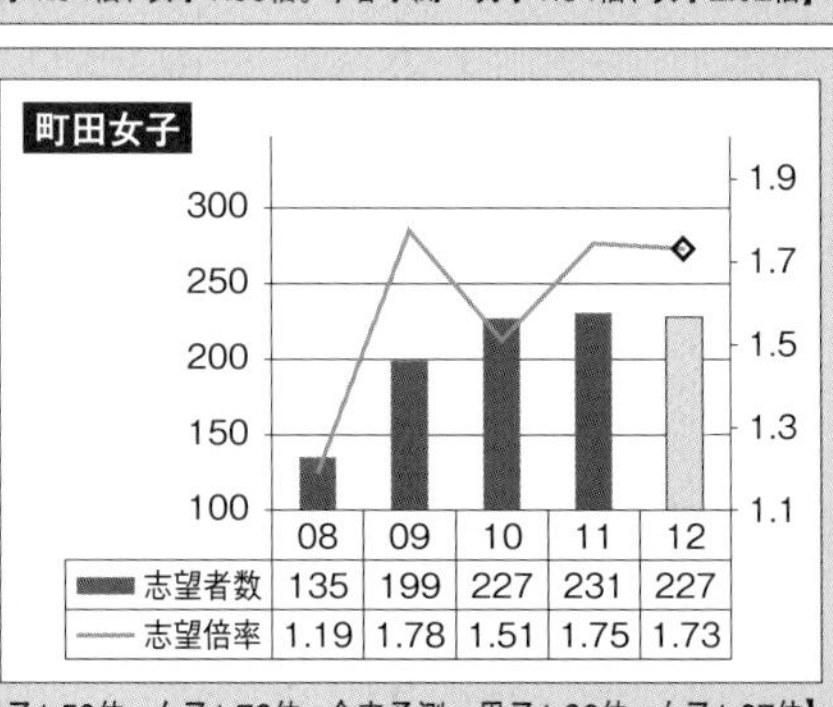

	08	09	10	11	12
志望者数	135	199	227	231	227
志望倍率	1.19	1.78	1.51	1.75	1.73

町田　男子2年連続ダウン、女子前年並み【前年一般受検倍率…男子1.50倍、女子1.72倍。今春予測…男子1.36倍、女子1.67倍】

進学指導重点校

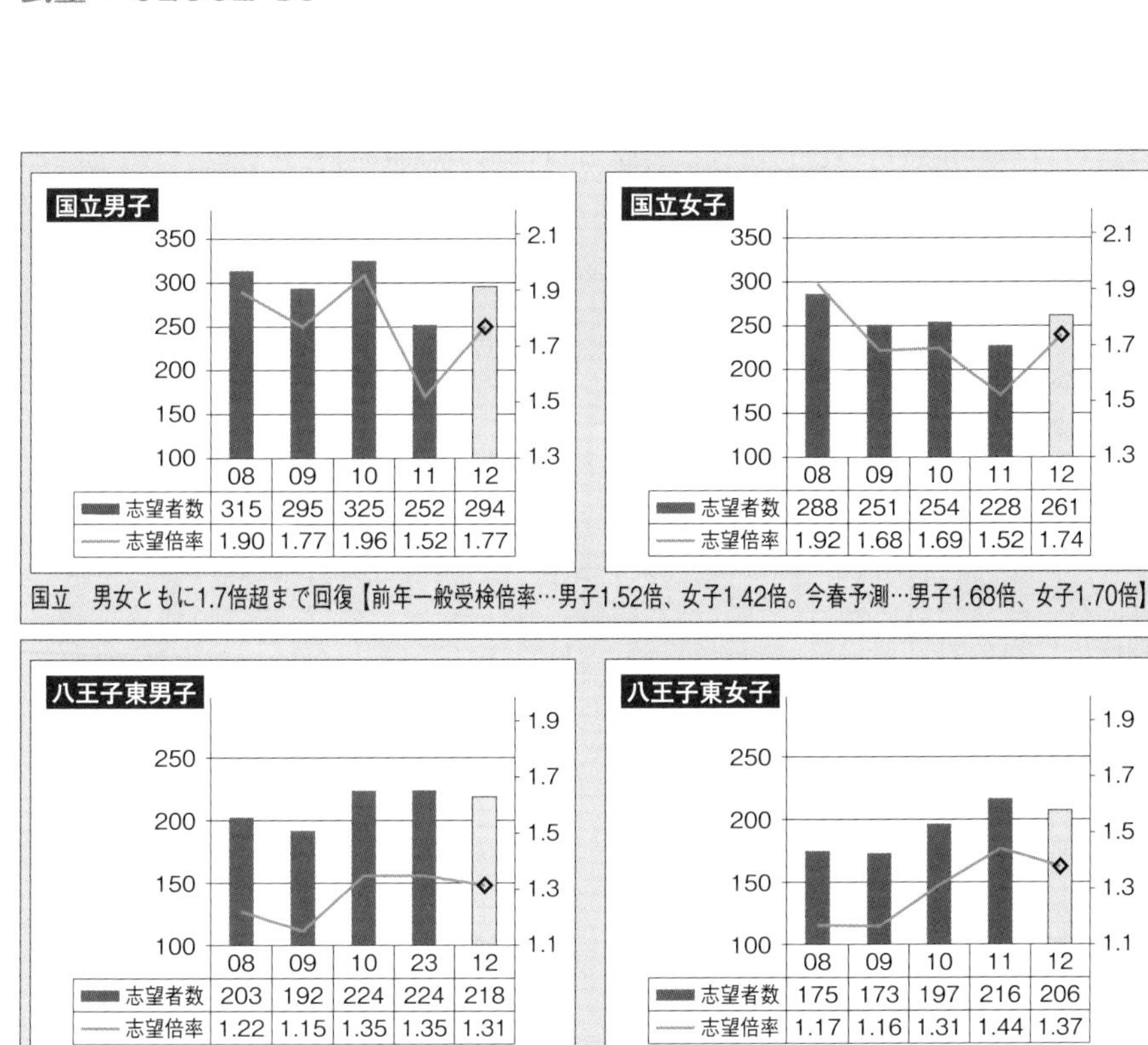

国立男子

	08	09	10	11	12
志望者数	315	295	325	252	294
志望倍率	1.90	1.77	1.96	1.52	1.77

国立女子

	08	09	10	11	12
志望者数	288	251	254	228	261
志望倍率	1.92	1.68	1.69	1.52	1.74

国立　男女ともに1.7倍超まで回復【前年一般受検倍率…男子1.52倍、女子1.42倍。今春予測…男子1.68倍、女子1.70倍】

八王子東男子

	08	09	10	23	12
志望者数	203	192	224	224	218
志望倍率	1.22	1.15	1.35	1.35	1.31

八王子東女子

	08	09	10	11	12
志望者数	175	173	197	216	206
志望倍率	1.17	1.16	1.31	1.44	1.37

八王子東　2年前から男女とも1.3倍台を保つ【前年一般受検倍率…男子1.30倍、女子1.50倍。今春予測…男子1.31倍、女子1.49倍】

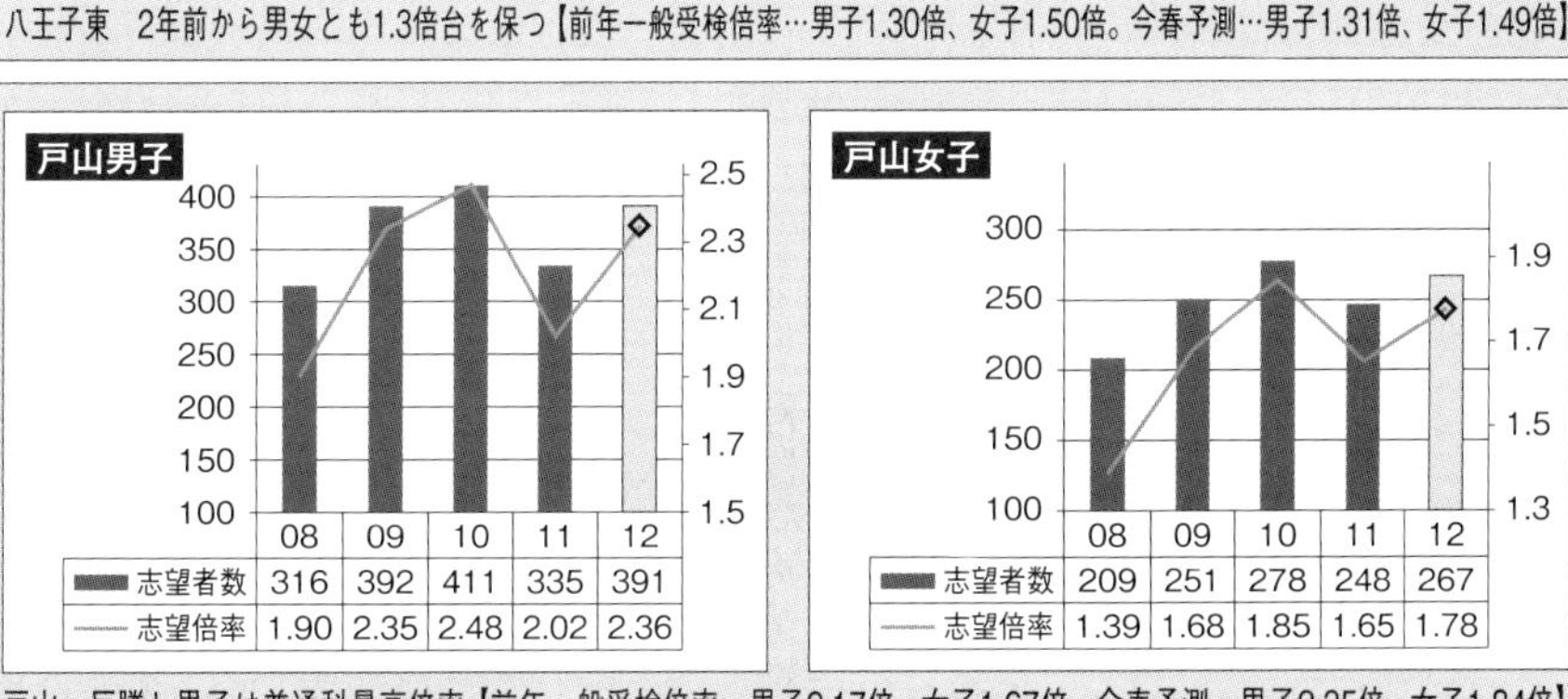

戸山男子

	08	09	10	11	12
志望者数	316	392	411	335	391
志望倍率	1.90	2.35	2.48	2.02	2.36

戸山女子

	08	09	10	11	12
志望者数	209	251	278	248	267
志望倍率	1.39	1.68	1.85	1.65	1.78

戸山　反騰し男子は普通科最高倍率【前年一般受検倍率…男子2.17倍、女子1.67倍。今春予測…男子2.35倍、女子1.84倍】

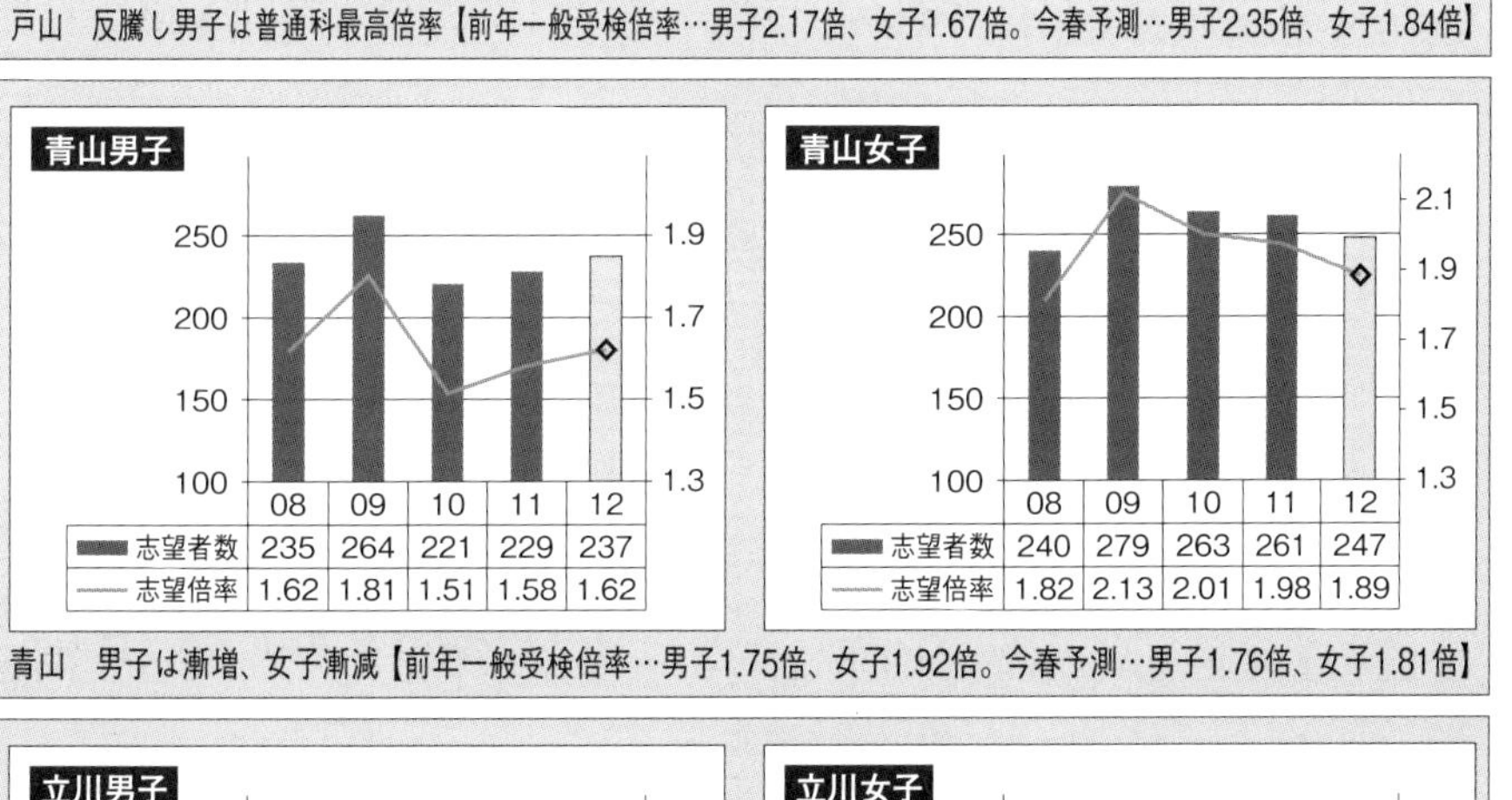

青山男子

	08	09	10	11	12
志望者数	235	264	221	229	237
志望倍率	1.62	1.81	1.51	1.58	1.62

青山女子

	08	09	10	11	12
志望者数	240	279	263	261	247
志望倍率	1.82	2.13	2.01	1.98	1.89

青山　男子は漸増、女子漸減【前年一般受検倍率…男子1.75倍、女子1.92倍。今春予測…男子1.76倍、女子1.81倍】

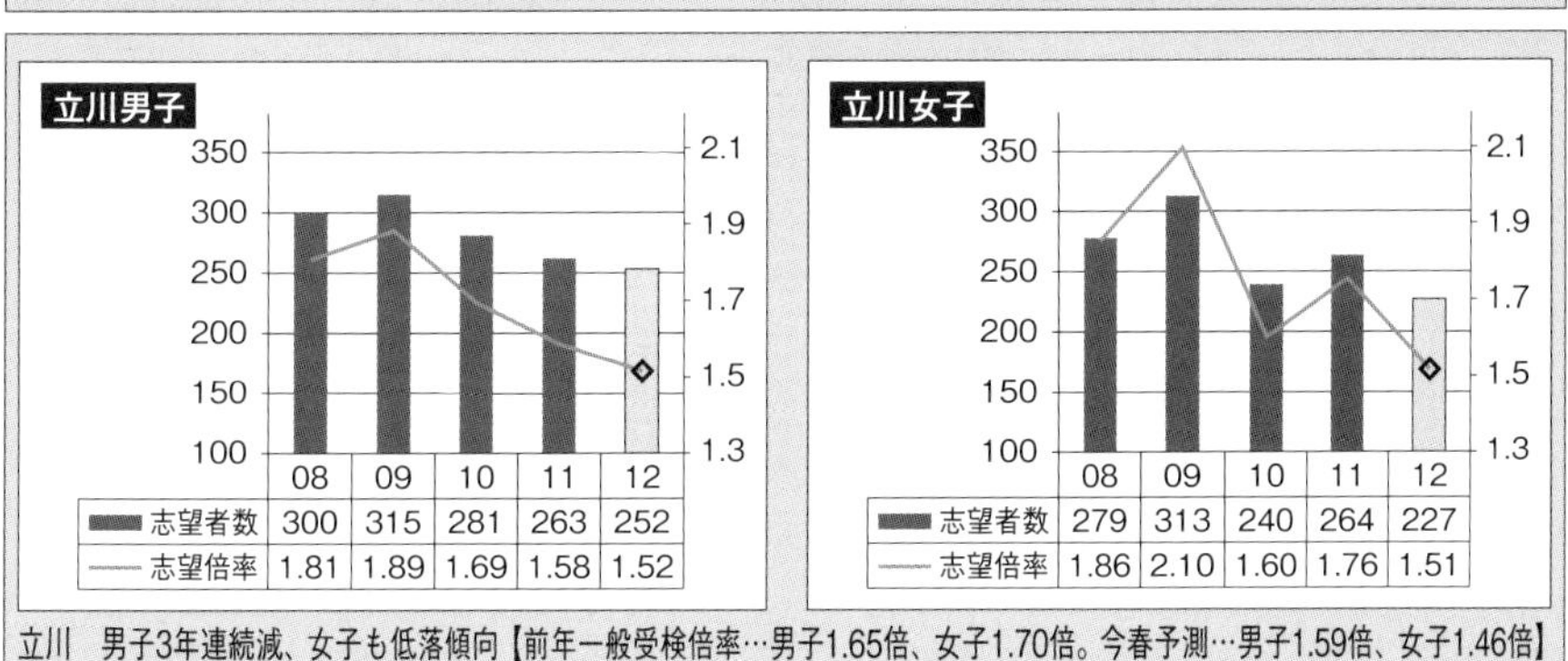

立川男子

	08	09	10	11	12
志望者数	300	315	281	263	252
志望倍率	1.81	1.89	1.69	1.58	1.52

立川女子

	08	09	10	11	12
志望者数	279	313	240	264	227
志望倍率	1.86	2.10	1.60	1.76	1.51

立川　男子3年連続減、女子も低落傾向【前年一般受検倍率…男子1.65倍、女子1.70倍。今春予測…男子1.59倍、女子1.46倍】

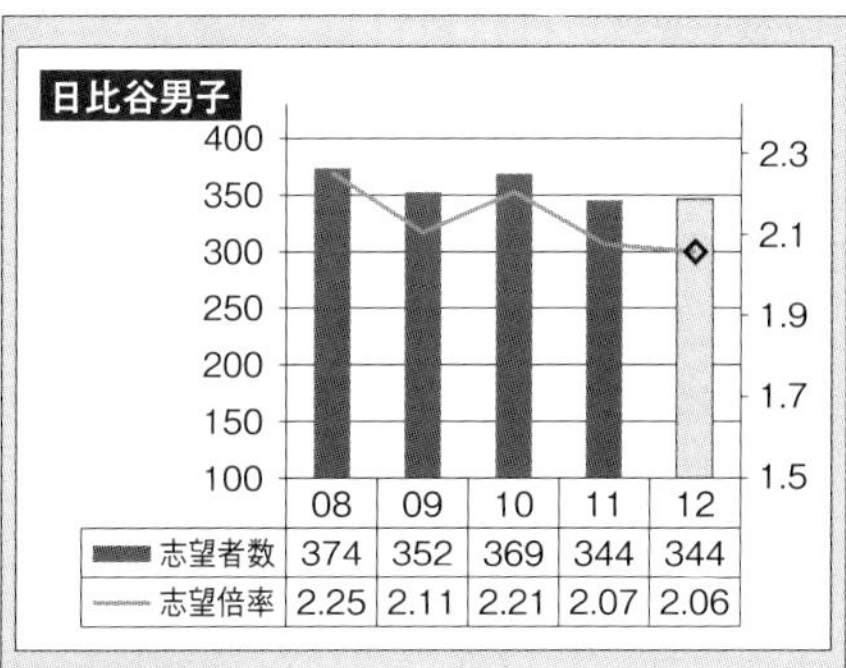

日比谷男子

	08	09	10	11	12
志望者数	374	352	369	344	344
志望倍率	2.25	2.11	2.21	2.07	2.06

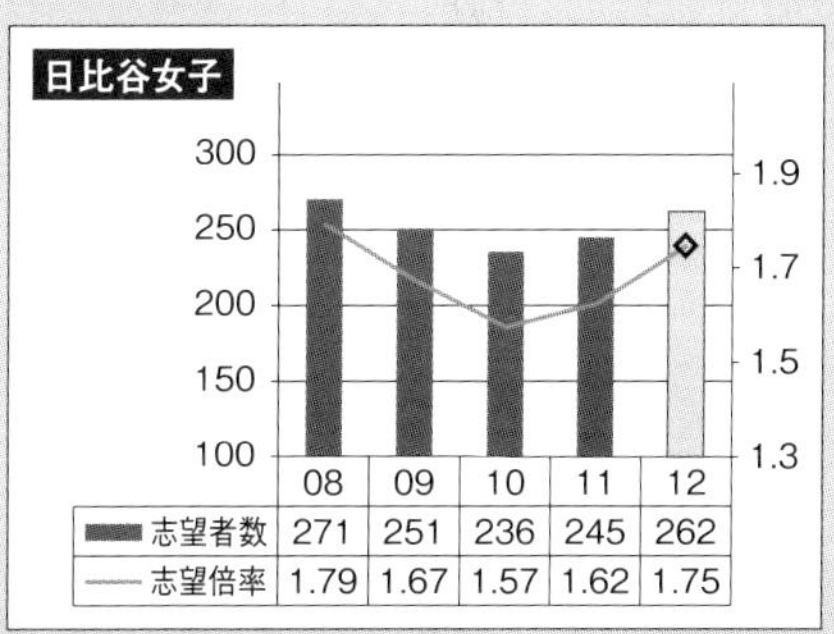

日比谷女子

	08	09	10	11	12
志望者数	271	251	236	245	262
志望倍率	1.79	1.67	1.57	1.62	1.75

日比谷　男子は2倍台で安定、女子もＵＰ【前年一般受検倍率…男子2.31倍、女子1.83倍。今春予測…男子2.18倍、女子2.01倍】

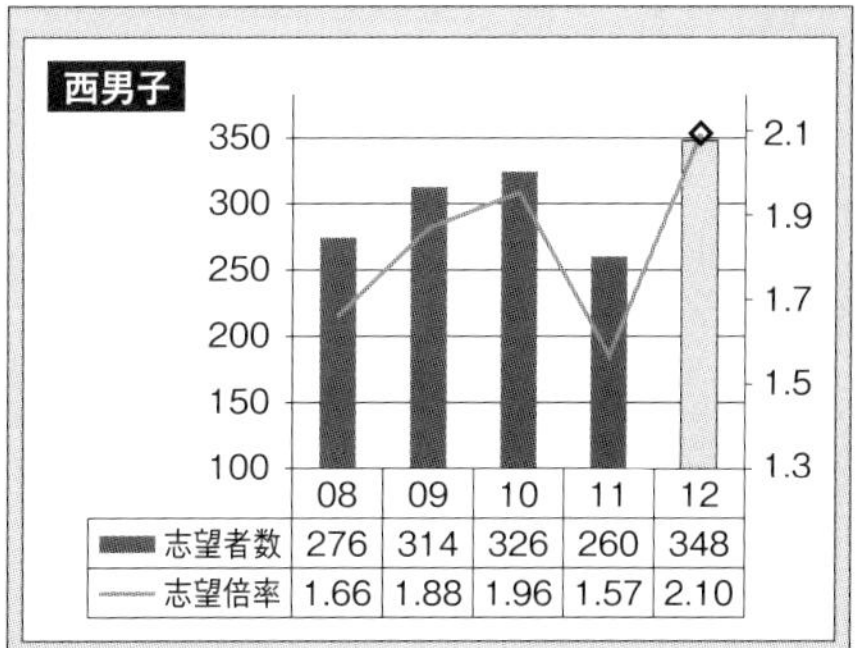

西男子

	08	09	10	11	12
志望者数	276	314	326	260	348
志望倍率	1.66	1.88	1.96	1.57	2.10

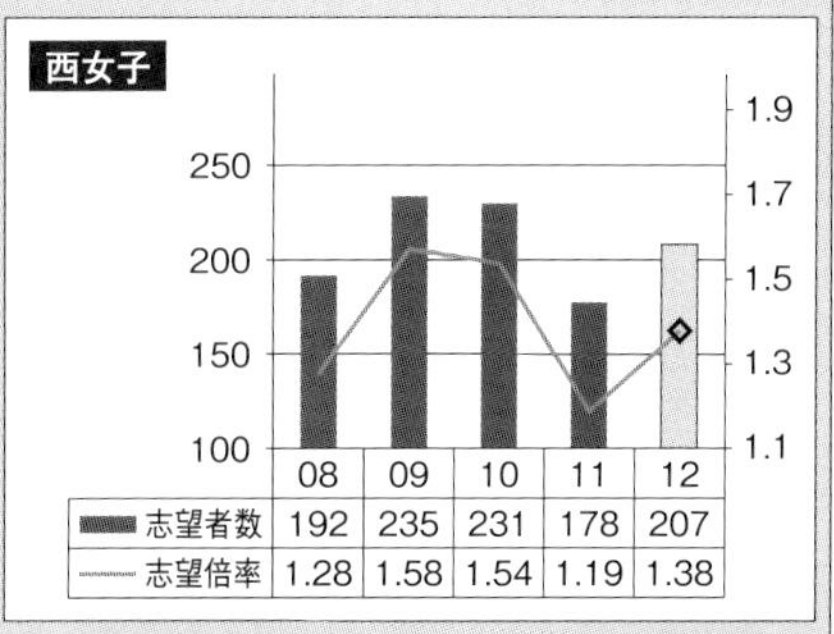

西女子

	08	09	10	11	12
志望者数	192	235	231	178	207
志望倍率	1.28	1.58	1.54	1.19	1.38

西　男女とも反騰、男子は2倍台に【前年一般受検倍率…男子1.57倍、女子1.35倍。今春予測…男子2.16倍、女子1.58倍】

高校入試の基礎知識

学校選びの基礎 1
私立・公立・国立高校の違い

2012年度入試のまっただなかの発売号です。中学3年生のみなさん、これまでの努力を信じて、あとひと踏ん張り、がんばってください。さて、このページは、受験生や保護者のみなさんに「高校入試の基礎知識」を知ってもらうコーナーです。今月号から、その焦点を中学2年生、1年生に移してのスタートとなります。

中学校1・2年生のための「高校入試の基礎知識」講座のスタートです。まずは「学校選びの基礎知識」から始めましょう。

受験の始まりは「学校選び」です。自分に合った学校をどのように選び取っていくかが高校受験の根幹です。

では、まず、高等学校にはどのような学校があるのかを知るところから始めましょう。

高等学校は、その設立母体によって「私立」「公立」「国立」と大きく3つに分けることができます。

今回はその違いを見ていくことにします。

それぞれに個性と魅力 理解したい「教育理念」

私立高校

首都圏の4都県（東京・神奈川・千葉・埼玉）には約350校もの私立高校が存在します。

私立高校は各種団体や個人が設立し、学校法人が運営にあたっている学校です。学校それぞれの裁量で教育に独自性が認められているため、建学の精神によって、なにを重視してどのような教育をするのかという、いわゆる教育方針が各学校によって異なります。校風もさまざまで、個性豊かな学校が多いのが特徴です。受験生の側にとっては選択肢が多いということになります。

また、その教育理念によって男子校、女子校、共学校に分かれます。

私立高校にもいくつかタイプがあり、進学校として大学受験を意識したカリキュラムを優先的に組む高校、系列の大学や短大に優先的に進学できる大学附属校、就職に有利な専門課程を持つ高校などがあります。

部活動で秀でた実績を持つ高校、心の教育に力を入れている高校など、進学実績だけでなくさまざまな角度から学校選びができるのも私立高校の魅力です。

私立高校では公立高校と比べると普通科の割合が多くなります。最近は普通科のなかをさらに細分化して特進コース・進学コース・文理コースなどを開設し、3年後に目標とする大学進学に合わせた受験準備のカリキュラムを組むなど、進学指導を重視して受験生にアピールする高校が増えています。

このように、私立高校はその数だけ校風・特色があると言えます。

首都圏には全国でも最も多く私

BASIC LECTURE

立高校が存在しており、たくさんの魅力ある学校から自分に合う高校を選びとることができる恵まれた環境です。

ただ、その高校の特色を理解しないで入学してしまうと、ミスマッチとなり、後悔ばかりの3年間となってしまう恐れがあります。

高校を選ぶとき、学校説明会などで学校の様子を、よく観察し、自分の感性で研究することが大切です。

私立高校は、総じて施設・設備面でかなり充実し、特別教室や自習室、食堂、体育施設などのほかに校外や海外に研修施設を持つ学校も多くあります。

首都圏の私立高校の入学試験は、都県によって呼び方が違いますが、推薦（前期）入試と、一般（後期）入試に分けられます。

通常、一般（後期）入試では学力試験が重視されます。学校によっては面接、作文などが行われます。公立高校とちがって調査書はあまり重視されず、参考程度にとどめられています。

推薦だから「試験はなし」という学校が多いのですが、推薦（前期）入試でも、適性検査という名称で筆記試験を課されることも多くなってきました。

これらの学力試験や適性検査の科目数は、国語・数学・英語の3科目という学校がほとんどです。

私立高校の入試は、都県ごと、また、学校ごとに試験日程、入試システムがまったくといっていいほど違いますので注意が必要です。

埼玉では前期・後期の垣根がなくなり、ほぼ一本化された入試となっています。千葉の私立高校では、かつての「前期」への募集前倒し傾向が強くなっています。

東京、神奈川では「推薦」の募集を減らし「一般」募集に定員をまわす傾向も出てきました。

学費の面では、私立高校は3年間にかかる費用が、国立・公立に比べて高くなりますが、学校によって差が大きいのも事実です。また、修学旅行で海外に行く高校も多く、その費用もかかります。

感じられる伝統と自由 学費ゼロは大きな魅力

公立高校

公立高校は、都道府県や市町村といった地方自治体によって設立され、その運営も自治体が行っている学校です。ですから、公立高校は、原則的にその都県在住者のみしか受験できません。また、千葉県では学区制があり（東京・埼玉・神奈川はすでに廃止）、地域によって受験できる学校が限られます（市立高校は一部制限がある）。

首都圏では、東京都立の普通科は共学、他県では男子校、女子校も見られます。

全日制、定時制、通信制などがありますが、全日制のなかにも、普通科のほかに専門学科（理数科・外国語科・商業科・工業科・農業科など）があります。これらの特徴を併せ持つ総合高校という形態の学校もあります。総合高校では、普通科目と専門科目のさまざまな科目のなかから、自分の興味・関心・進路希望に合わせて幅広く学習ができます。

普通科では2・3年次に、希望進路に合わせて文系・理系にクラス分けする学校が多く、進路希望に沿った学習ができるよう多くの選択科目を設定し、私立高校なみに大学進学にポイントをしぼる学校も多くなりました。都立高校の「進学指導重点校」に代表されるような、難関大学進学にウエイトをおいた学校が増えてきているのも、ここ10年ほどの特徴です。

また、授業やカリキュラムの進め方も多様化しており、普通科のなかでも「単位制」の学校は、クラス編成、学年編成にこだわらず、単位取得について、生徒が自分で時間割をつくる学校です。

公立高校も私立高校ほどではないにしても、各学校に校風があります。部活動が盛んな高校、ほとんどの生徒が大学進学をめざしている高校など、その高校のカラーがありますので、よく観察しましょう。

校則が比較的ゆるやかで、制服がない学校もあり、自由な学園生

国・公・私立高校の特徴一覧（費用は2011年度を参考）

	国立高校	公立高校	私立高校
学習指導	学校自体が少人数。クラスサイズも小さく、個人への学習指導や学年全体のみならず、個人の成績管理も充実。	1、2年生の間は、共通の授業。3年に進んで進路別の授業選択や、クラス編成をする学校が多い。	主要教科の授業時間を多くするなど、私立ならではの裁量。2年生（なかには1年生から）コース制導入、英・数では習熟度別授業が多い。また、補習の徹底など、各校独自の工夫がみられる。
進路指導	難関大学への進学を前提に、各生徒の個性を把握し、適性をみながらの進路選択アドバイス、進学指導が行われている。	どの学校でも進路指導の充実が進んできたが、基本的に生徒自身が調べて進める。大学への進学実績では、上位校と下位校に大きな差がある。	細かく徹底した大学進学指導をするのが特徴となっている。前年度卒業生までの膨大な実績を蓄積、それをもとにした成績目標や受験大学選定の目安を示してくれる学校も多い。
大学進学	併設大学への優先権は基本的に存在しない。私立大学等への推薦枠はあり、利用できるが、大学への推薦入試を選ぶ生徒は少数。	それぞれの学校で、私立大や短大への学校推薦枠がある。伝統校ほど推薦大学数が多い。推薦は普段の成績・活動評価順で認められる。	大学附属校は、系列の大学・短大へ優先入学できる（優先条件は学校によりさまざま）。また、大学附属校であっても他大学進学に力を注いでいる学校も多い。進学校は難関大学へと導くメソッドも充実しており「予備校いらず」を標榜する学校も多い。
クラブ活動	いろいろなクラブがあり、その活動も盛ん。併設の中学のみならず、大学の部活動と連携しているクラブもある。	部活動は、上位校ほど盛んな傾向がある。そのほかに同好会もある。ともに生徒の自主的な運営が多い。運動部、合唱部等、習熟が求められる部活動は顧問の先生の異動に左右される。	部活動を特色の1つとしている学校も多く、部を特化して力を入れる学校がある。全国的に有名な部は私立に多く、施設も充実し、練習内容、指導顧問のレベルも高い。逆に進学校では、部活動の日数、時間を制限している場合もみられる。
生活指導	生徒の自主性は尊重されるが、規律などには公立校より厳しい印象。多くの学校が制服を定めている。	伝統校は自主性尊重で規則が緩やかな学校が多いが、新設校では厳しい学校もある。標準服などは決められているが制服を定めていない学校も多い。都立高校などでは制服回帰現象もみられる。	宗教を建学のバックボーンとしている学校も多く、情操教育に力が入れられる。生活指導に目が行きとどき、ほとんどの学校で制服がある。カーディガン、ソックスなど、公立校の制服よりも既定される種類も多い。髪型も規定する学校が多く、礼儀・マナーの指導もある。
年間納入金	入学金・・・56,400円 授業料・・・0円 その他・・・約15～25万円 総　額・・・20～30万円程度（推定）	入学金・・・5,650円 授業料・・・0円 PTA会費、他・・・約5～10万円 総　額・・・8～18万円程度（推定）	初年度納入金平均(2011年度状況) 東京都私立高校　平均約87万円 埼玉県私立高校　平均約80万円 神奈川県私立高校　平均約88万円 千葉県私立高校　平均約70万円
受験費用	2,200円	2,200円	1～3万円

活を魅力に感じる生徒がめざす学校ともいえます。

しかし、そのぶん、しっかりと自分を律することができないと、怠惰（たいだ）な高校生活を送る危険性があるともいえます。例えば、前述した単位制の学校などは、自分で時間割を組むわけですから、自律ができない生徒には、むしろ向きません。

私立高校に比べると学費はほとんどかからず、授業料は無償です。その他の費用として制服や体操着代、修学旅行の積み立てなどがかかりますが、私立高校にみられる施設費などはかかりません。

狭き門くぐり切磋琢磨 高レベルだが伸びのび

国立高校

国立高校は、独立行政法人国立大学（いわゆる国立大学）の附属高校で、建学の趣旨は、「教育学に関する研究・実験に協力」する「教育実験校」です。

募集人員は少なく、入試の難易度、合格の基準も高く、入学後の学力レベルも高いのが特徴です。

あくまで「教育実験校」ですから、授業形態やカリキュラムを、先生、生徒の人間関係を含めて研究する学校です。得られたものを日本の教育に役立てようとしているわけです。ですから、大学受験向きに授業が組まれているわけではありません。それが、受験勉強とはかけ離れた伸びのびした校風につながっているともいえます。

系列の国立大学はありますが、進学に有利な点はなく、他の受験生同様に大学入試に臨みます。

各国立高校は、授業の内容も質が高く、入学後の学力レベルも高く維持されているため、大学進学実績も非常に高いものがあります。生徒自身が互いに高めあう校風があるのが国立高校全体の特徴で、これが、高い進学実績維持の原動力といえます。

国立高校の入試には「推薦入試」はありません。一般入試は学力検査と面接で、学力検査の出題はその学校の独自問題です。

学費は、公立とほぼ同じです。

受験する場合、国立高校には通学地域、通学時間に制限がある学校が多いので要注意です。

バレンタインの思い出

小学校のときにクラスの女子全員で、クラスの男子全員に配りました。たまたま好きな男の子に渡したんですけど、恥ずかしかったです。

（中１・ガガさん）


去年、お姉ちゃんにもらいました。他の人にあげるはずだったようですが、深くは聞けませんでした。

（中３・チョコレイトディスコさん）


去年のバレンタインデーのことです。当然のように学校でチョコレートなどもらえず家に帰ったら、なんと郵便受けにぼくあてのチョコが！　やった！　と思ってよく見たら「母より」って書いてありました。いまなら笑えるけど、その時はショックで笑えませんでした…

（中３・バレンタインなんて！さん）


去年、友だちと一緒に、同じ部活の憧れの先輩にチョコを渡しました！！

かなり緊張しましたが、「ありがとう！」って言って受け取ってくれました！　そのときの笑顔がほんとにかっこよくて、しばらく友だちとこっそり先輩のことを「チョコ王子」と呼んでました…笑。

（中３・H・Tさん）

オススメ健康法

朝早めに起きて朝ごはんを食べる前に10分くらいランニングをすること。それを少し太り気味だった父親に教えたら続けていて、いまではとてもいい体型です。

（中２・GReeeeNsさん）


お姉ちゃんがやってるのを真似して半身浴をやってみたら肌の調子がめっちゃいいです。すごく汗をかくけど肌がツルツルです！

（中２・SK2さん）


固いものを食べるとアゴとか歯が強くなっていいとかで、うちではおやつによくスルメや固いおせんべいが出てきます。そのおかげか私も弟も歯並びだけはすごくいいです。虫歯もないです♪

（中２・A・Wさん）


部活でバスケを始めてから風邪を引いていないので、たぶんバスケをしたらみんな健康になるはず。

（中１・赤子のバスケさん）


朝シャワーを浴びる人は、寒い日でも最後に冷たい水を浴びてみてください。そうすると風呂あがりでもカラダがポカポカするんですよ！　でも浴びるときが修行みたいな気持ちになりますけどね…

（中２・シャンリンシャンさん）


乾布摩擦です。小学生のころに爺ちゃんから教わってしています。でもあまり強くしすぎると肌を傷めます。

（中３・佐藤肌作さん）

大好きなお菓子！

キットカットです。中学受験の時に「きっと勝つ」と思ってずっと食べてたら太りました…。

（中１・NNさん）


お父さんがビールを飲むときに食べてる柿の種が最高です！　あっ、ちなみにビールは飲んでないよ！

（中２・グリーンだよ！さん）


アイス大好き！　冬でも毎日食べます！　食べすぎるので、親に「アイスは１日に１本」と決められちゃった…笑。

（中１・E・Nさん）


芋ケンピ。あの形、噛み応えサイコー！

（中２、身体の半分はケンピさん）


カントリーマアム一択！　あの食感がたまりません。こいつを食べ過ぎて太るならそれも本望です。それぐらい好き！

（中２・カントリーロードさん）

募集中のテーマ

『中学生になってびっくりしたこと』

『うちのお父さん、お母さん』

『好きなテレビ番組！』

応募〆切 2012年3月15日

必須記入事項

A／テーマ、その理由　B／住所　C／氏名
D／学年　E／ご意見、ご感想など

ハガキ、FAX、メールを下記までどしどしお寄せください！

住所・氏名は正しく書いてください!!

ペンネームは氏名のうしろに（ ）で書いてネ!

【例】サク山太郎（サクちゃん）

あて先

〒101-0047　東京都千代田区内神田2-4-2
グローバル教育出版　サクセス編集室
FAX:03-5939-6014　e-mail:success15@g-ap.com

ケータイから上のQRコードを読み取り、メールすることもできます。

掲載されたかたには
抽選で図書カードをお届けします！

掲載にあたり一部文章を整理することもございます。個人情報については、図書カードのお届けにのみ使用し、その他の目的では使用いたしませ

挑戦!!

渋谷教育学園幕張高等学校
（しぶやきょういくがくえんまくはり）

千葉県千葉市美浜区若葉1-3

JR京葉線「海浜幕張」徒歩10分、京成線「京成幕張」徒歩14分、JR総武線「幕張」徒歩16分

043-271-1221

http://www.shibumaku.jp/

問題

右の図のように，線分ＡＢを直径とする円Ｏがあり，円Ｏの弧の上に

$\overset{\frown}{AP} : \overset{\frown}{PQ} = 1 : 2$

$AP // OQ$

となる２点Ｐ，Ｑをとる。また，ＡＰの延長とＢＱの延長との交点をＲとする。

次の各問いに答えなさい。

（１）∠ＰＯＱの大きさを求めなさい。

（２）ＰＱ＝６のとき，線分ＢＲの長さを求めなさい。

（３）ＰＱ＝６のとき，線分ＢＰの長さを求めなさい。

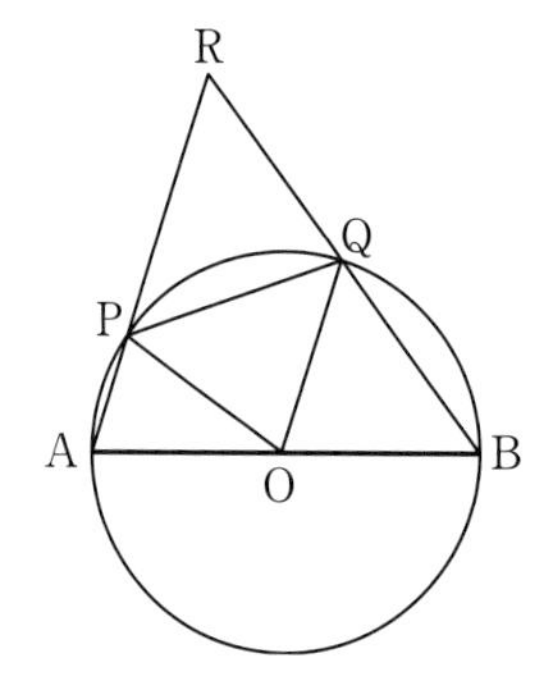

解答　（１）72°　（２）12　（３）$3+3\sqrt{5}$

杉並学院高等学校
（すぎなみがくいん）

東京都杉並区阿佐谷南2-30-17

JR中央線・総武線・地下鉄東西線「高円寺」、「阿佐ヶ谷」徒歩8分

03-3316-3311

http://www.suginami.ac.jp/

問題

右の図のように，円Ｏの円周上に４点Ａ，Ｂ，Ｃ，Ｄがあります．直線ＡＣは∠ＢＡＤを２等分し，直線ＡＣとＢＯ，直線ＡＣとＢＤの交点をそれぞれ点Ｅ，Ｆとし，∠ＡＦＤ＝115°とします．次の各問いに答えなさい．

（１）∠ＯＡＣ＝x°，∠ＢＣＡ＝y°とします．次の連立方程式の□に適当な数を埋めて完成しなさい．

$$\begin{cases} 2x+y=\boxed{ア} \\ x+y=\boxed{イ} \end{cases}$$

（２）∠ＡＥＢの大きさを求めなさい．

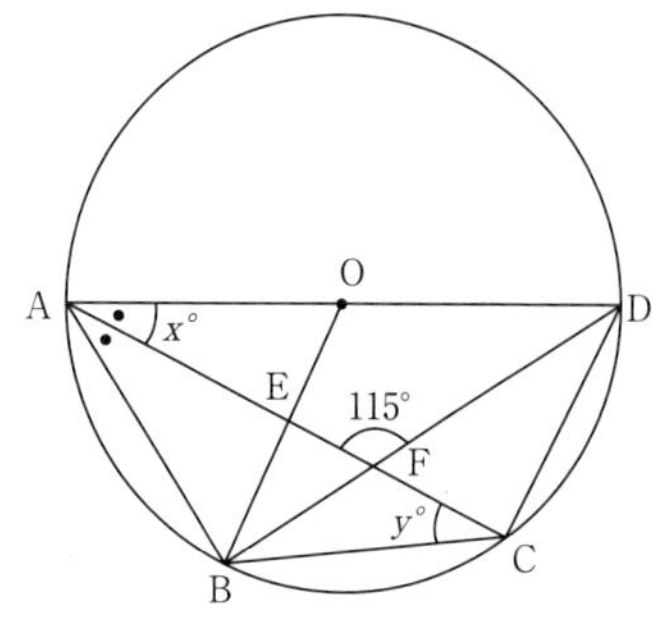

解答　（１）ア：90　イ：65　（２）105°

成城高等学校

（せいじょう）

東京都新宿区原町3-87
都営大江戸線「牛込柳町」徒歩1分
03-3341-6141
http://www.seijogakko.ed.jp/

問題

右の図は，1辺の長さが6cmの正方形ＡＢＣＤを，辺ＡＤ上の点Ｇと頂点Ｂを結ぶ線分を折り目として折ったものである。点Ｅ，Ｆはそれぞれ辺ＡＤ，辺ＢＣの中点で，線分ＥＦ上の点Ｐは頂点Ａが移った点である。また，線分ＧＢを直径とする半円を描き，半円と線分ＥＦの交点のうちＰ以外の点をＱとする。このとき，

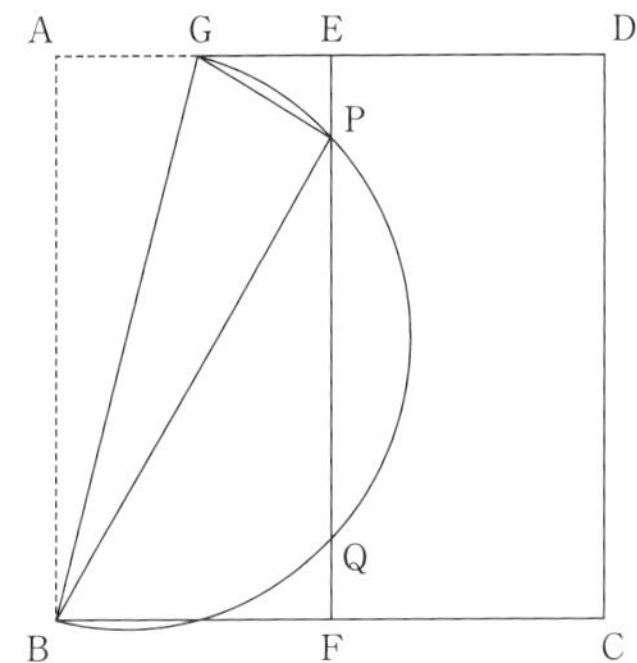

（１）線分ＰＦの長さは [タ] cmである。

（２）線分ＰＧの長さは [チ] cmである。

（３）線分ＰＱの長さは [ツ] cmである。

解答 (1) $3\sqrt{3}$　(2) $12-6\sqrt{3}$　(3) $6\sqrt{3}-6$

東海大学付属望洋高等学校

（とうかいだいがくふぞくぼうようこうとうがっこう）

千葉県市原市能満1531
JR内房線「五井」、外房線「鎌取」（ちはら台・辰巳台経由）、「茂原」、久留里線「東横田」（加茂経由）よりスクールバス
0436-74-4721
http://www.boyo.tokai.ed.jp/

問題

次の英文の内容が表と一致していれば○，一致していなければ×で答えなさい。

1. These five countries consume more than half of the world energy.

Top Energy Consumers

	Countries	Percentage
1	United States	21%
2	China	16%
3	Russia	6%
4	Japan	5%
5	India	4%

2. The longest railroad tunnel was completed in 21st century in Japan.

World's Longest Railroad Tunnels

	Name	Country	Length(km)	Year Completed
1	Seikan	Japan	53.9	1988
2	Channel Tunnel	England-France	50.0	1994
3	Iwate Ichinohe	Japan	25.8	2002
4	Daishimizu	Japan	22.2	1982
5	Simplon(1&2)	Switzerland-Italy	19.8	1906, 1922

解答 (1) ○　(2) ×

1月号の答えと解説

問題

歴史クロスワードパズル

平安末期～鎌倉初期の日本の歴史に関するクロスワードです。カギをヒントにマスに言葉を入れてクロスワードを完成させてください。

最後にA～Fのマスの文字を順にならべると、この時代に著された文学作品があらわれます。この作品の作者は誰でしょうか？ 次のア～ウから選んでください。

ア　鴨長明　　イ　藤原定家　　ウ　源実朝

1	2	B	■	3D	4	5	
6		■	7			E	■
8		9		■	10		11
F	■	12		13	■	14	
15	16		■	17	18A		■
19		■	20			■	21C
■	22	23		■	24	25	
26							

タテのカギ

1　1221年、後鳥羽上皇が鎌倉幕府打倒の兵を挙げた○○○○○○の乱
2　大都会の中心部
3　日が暮れてまだ間もないころ
4　武士の生活は、貴族と比べてぜいたくでなくつつましかった
5　外国と商取引を行うこと。この当時は、宋と貿易を行っていた。
7　源頼朝は1192年○○○大将軍に任ぜられ、武家政治が始まりました
9　はっきりとは見えないが、何となく感じられるようす
11　よくも悪くもない、普通
13　害虫などを追い払ったり、殺したりすること
16　高く険しい山々
18　念仏の教えを広めた浄土宗の開祖
20　平氏の全盛期を築いた○○○清盛
21　自分自身の力で警戒・警備すること
23　打ち破ること
25　役に立たないこと。○○口、○○遣い

ヨコのカギ

1　鎌倉幕府が荘園を管理支配するために全国に設置した職名
3　平家一族を打ち破った最大の功労者だったが、後に兄である頼朝と対立し最後は衣川で自刃した悲劇の英雄
6　植物のアシの別名。○○の髄から天井をのぞく
7　あることについてくわしく知っていること
8　快慶との共作の東大寺南大門仁王像で知られる鎌倉前期の仏師
10　他人に贈る物をへりくだっていう語
12　五、七、五
14　○○、書き、そろばん
15　油絵のことです
17　「正午の○○○をお知らせします…ピ、ピ、ピ、ポーン！」
19　試しに宝くじでも買ってみようかな
20　いろいろなものがあること。多種○○○
22　絵につけられた題名。絵のテーマ
24　○○○覚ましに、コーヒーを飲もう
26　タテ1の乱後、京都の政情を監察し治安を維持するために設置した、執権に次ぐ重職

解答　ア　鴨長明

ジ	ト	**ウ**	■	**ヨ**	シ	ツ	ネ
ヨ	シ	■	セ	イ	ツ	**ウ**	■
ウ	ン	ケ	イ	■	ソ	シ	ナ
キ	■	ハ	イ	ク	■	ヨ	ミ
ユ	サ	イ	■	ジ	**ホ**	ウ	■
ウ	ン	■	タ	ヨ	ウ	■	**ジ**
■	ガ	ダ	イ	■	ネ	ム	ケ
ロ	ク	ハ	ラ	タ	ン	ダ	イ

解説

A～Fのマスの文字を順にならべると、「ホウジヨウキ」→「方丈記」ですから、その作者である鴨長明の「ア」が正解になります。

鴨長明は平安末期～鎌倉初期の歌人・随筆家で、その著書『方丈記』は日本の中世文学の代表的な随筆とされ、清少納言の『枕草子』、吉田兼好の『徒然草』とあわせて日本三大随筆とも呼ばれています。

「イ」の藤原定家は、平安末期～鎌倉初期の歌人・歌学者で『新古今和歌集』の撰者の1人です。のち『新勅撰和歌集』を撰し、『源氏物語』などの古典の校訂・研究者としてもすぐれた業績を残しました。

「ウ」の源実朝は、頼朝の二男で、鎌倉幕府3代将軍です。万葉調の和歌にすぐれ、家集『金槐和歌集』があります。

中学生のための

学習パズル

今月号の問題

Q 論理パズル

Aくん、Bくん、Cくん、Dくんの４人は、スポーツ大会で行われた100m走、1500m走、リレー、走り高跳び、走り幅跳びのうち、いずれも複数の種目に出場しました。その結果、1500m走に出場した人は１人だけですが、他の種目については２人ずつが出場しています。また、各人は４人の出場種目について、それぞれ次のように話しています。

A：「ぼくとDくんは同じ種目に出場しました。」
B：「ぼくとAくんは同じ種目に出場しましたが、Cくんとは同じ種目に出場していません。」
C：「ぼくとAくんは走り高跳びに出場しました。」
D：「ぼくは1500m走には出場していません。また、Cくんとは同じ種目に出場していません。」

以上のことから、次のア～エのうち、正しいと言えるものが2つあります。それはどれとどれですか。

ア　Aくんは3種目に出場した。
イ　Bくんは1500m走に出場した。
ウ　Cくんはリレーには出場していない。
エ　BくんとDくんは同じ種目に出場していない。

1月号学習パズル当選者

（全正解者54名）

★星野　涼子さん（東京都東久留米市／中2）
★服部　奈央さん（東京都世田谷区／中3）
★佐藤　毅くん（埼玉県三郷市／中2）

応募方法

●必須記入事項

01　クイズの答え
02　住所
03　氏名（フリガナ）
04　学年
05　年齢
06　アンケート解答「インカ帝国展」の招待券をご希望のかたは、「インカ帝国展招待券希望」と明記してください。

◎すべての項目にお答えのうえ、ご応募ください。
◎ハガキ・ＦＡＸ・e-mailのいずれかでご応募ください。
◎正解者のなかから抽選で3名のかたに図書カードをプレゼントいたします。
◎当選者の発表は本誌2012年5月号誌上の予定です。

●下記のアンケートにお答えください。

A今月号でおもしろかった記事とその理由
B今後、特集してほしい企画
C今後、取りあげてほしい高校など
Dその他、本誌をお読みになっての感想

◆2012年3月15日（当日消印有効）

◆あて先

〒101-0047　東京都千代田区内神田2-4-2
グローバル教育出版　サクセス編集室
FAX：03-5939-6014
e-mail:success15@g-ap.com

～サクセス18のご紹介～

サクセス18は早稲田アカデミーが
創った現役生難関大学受験専門塾です。

難関大に現役合格！サクセス18はここが違う!!

進学塾 早稲アカスタイルの継続

大手予備校にはないキメ細やかさ

サクセス18は開成・慶女・早慶高校合格者数全国No.1（2011年当社調べ）の進学塾早稲田アカデミーの大学受験部門です。「本気でやる子を育てる」という教育理念に基づき、「私語のない緊張感のある授業」「少人数制で発問重視の授業スタイル」「復習型の丁寧な講義」など早稲田アカデミーが創立以来進学実績を伸ばし続けてきたエッセンスを継承しています。更に少人数クラスのライブ授業で競争原理の働く環境を維持しながら、現役高校生に特化したきめ細やかな指導で「普通の学力の生徒」を憧れの難関大学現役合格へと導きます。

	早稲田アカデミー サクセス18	他の塾・予備校
トップレベルの合格実績の伸び	開成高校の合格者数5名からわずか10年で全国No.1の65名（定員100名）まで伸ばした早稲田アカデミーは、大学入試でも合格実績を伸ばし続けています。東大・早慶上智大の合格者数の伸び率は業界トップレベルです。また現高3生の成績も良好で、今後の入試においても大幅な躍進が期待できます。	少子化とそれに伴う浪人生の減少により、多くの塾や予備校が難関大への合格実績において伸び悩んでいるのが現状。成績を上げるノウハウを持つところとそうでないところとの格差が大きい。
少人数制クラス	1クラス15名程度の少人数制。きめ細やかな個別対応が可能です。さらに学力別・志望校別クラス編成で同じ目標を持つ友人たちと競い合いながら学力を高めます。	1クラス30名～80名と大規模クラス。生徒1人ひとりの学力把握は難しい。
対話・発問重視の緊張感のある授業	講義と同時に生徒一人ひとりの反応や理解度に細心の注意をはらう対話・発問重視の緊張感のある授業。講義と実践演習の複合授業。	予習を前提とした解説型の授業が多く、授業中の質問などは難しい場合が多い。積極的な生徒でなければ授業後の質問もしづらい。
充実した定期試験対策	塾生は土曜・日曜に開催する定期試験対策授業と、平日開催のトレーニング型個別指導"F.I.T."を無料で受講できます。完全に個別の対応が可能です。	多くの大学受験予備校は学校の定期試験対策までは行わない。定期試験対策を行っているところも特定の高校に偏るなど在籍する生徒すべてには対応できていない。
授業担当による進路指導	生徒を実際に教えている講師が面談も担当します。数値データとあわせて生徒の個性を把握した最適な指導が行えます。	授業を担当しないカウンセラーが模試データにもとづいてアドバイスするのみ。

高1からはじめれば早慶上智大合格へ！

早稲田アカデミーなら夢がかなう!

やる気を引き出す授業、夢を同じくする仲間と競い合いお互いを高める環境、全スタッフが生徒一人ひとりの個性を理解し、適切な学習法をアドバイスする指導。早稲田アカデミーなら、このシステムがあるから、**始めたときには東大や早慶上智大は夢や憧れでしかない学力でも大きく伸びて第一志望に現役合格**できるのです。

東大、そして早慶上智大へ高い合格実績

東大・早慶上智大527名合格！

MARCH・理科大688名合格！

東京大学 93名合格 早稲田大学207名合格 慶應義塾大学114名合格 上智大学113名合格 国公立大学医学部（東大理Ⅲ含む）12名合格 明治大学152名合格
青山学院大学 75名合格 立教大学104名合格 中央大学 97名合格 法政大学120名合格 東京理科大学140名合格 私立大学医学部17名合格

※模試受験のみの生徒は一切含まれていません。早稲田アカデミーの平常授業または特別授業に正規に在籍し、授業に参加された生徒、約1100名からの実績です。

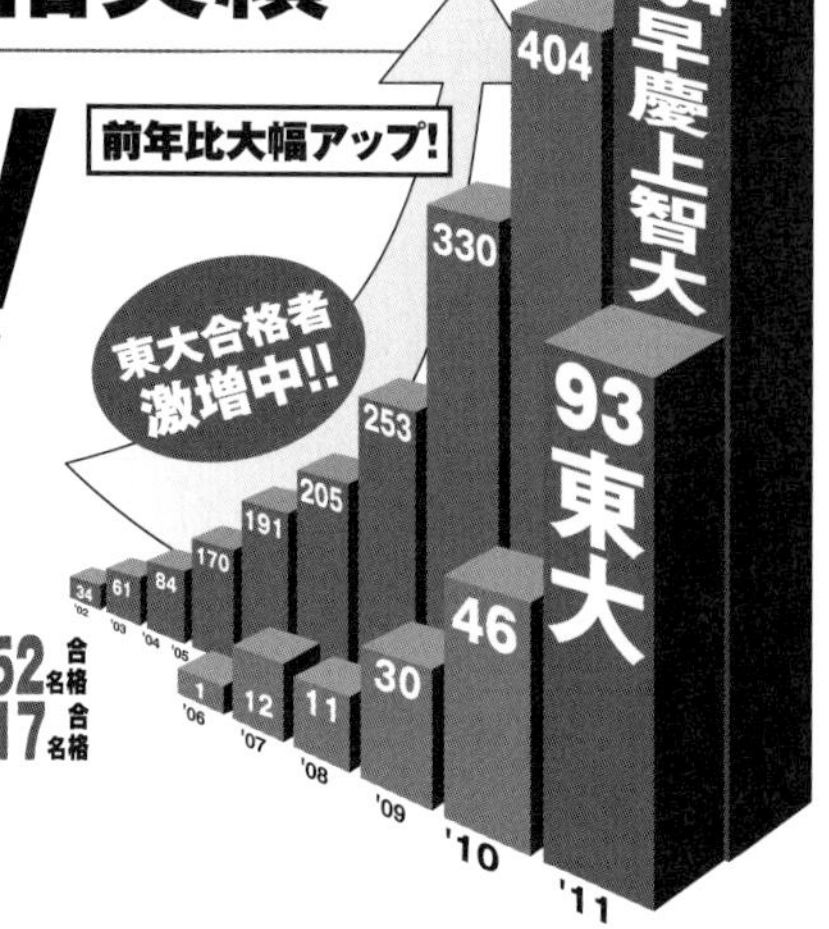

サクセス18
ここが
違う!

トレーニング個別指導F.I.T.（フィット）

君の目的に合った教材で学習し、スタッフに自由に質問できる!!

一人ひとりに合わせた個別トレーニングF.I.T.（フィット）
君の目標に合わせたカリキュラムで君の時間に合わせて学習できる！

F.I.T.は、演習トレーニングと個別指導を組み合わせたサクセス18の学力向上プログラムです。都合の良い時間を選んで、演習とアシストスタッフによる個別指導が受講できます。クラス授業の開始前の時間で学校の復習をしたり、定期テストの直前の演習をしたりとスケジュール・カリキュラムは自由自在。

学校の定期試験範囲に合わせた演習 ＋ 塾の授業の類題演習で得点力をアップ ＋ 倫理、政経、地学などのセンター試験対策 ▶ 君だけにぴったり合わせたタイムリーな演習

科学

企画展「世界の終わりのものがたり〜もはや逃れられない73の問い」

3月10日(土)〜6月11日(月)
日本科学未来館

終わることを意識して始める科学との付き合い方

科学技術に支えられた生活のもろさを突きつけられた東日本大震災から約1年。すべてのものには「終わり」があるという必然を踏まえたなかで、科学技術とどう付き合っていくかという問題などを考える展覧会。「終わり」という観点からとらえた73の問いが会場に用意されている。ヒントとなる科学トピックを見ながら、その問いに答えていくことで、自分にとってなにが大切なのかがわかってくるだろう。

2012かつうらビッグひな祭り

2月24日(金)〜3月4日(日)
勝浦駅周辺

勝浦の絆が生んだビッグなひな祭り

徳島県勝浦町より里子として譲り受けた7000体のひな人形が、千葉県勝浦市のさまざまな会場で飾り付けられる。期間中はスタンプラリーや、踊りのパレード、甘酒サービスなどの日替わりイベントも楽しむことができる。名物となっている遠見岬神社の石段一面に飾られる1200体もの雛人形は壮観。夜の7時まで飾られ、夕暮れからはライトアップされる人形たちを見ることができる。

京あるきin東京2012〜恋する京都ウィークス〜

2月16日(木)〜29日(水)
東京都内

東京で京都の風情を感じる2週間

日本文化を象徴する町として、国内だけではなく世界中から観光客がやってくる古都・京都。長い歴史と伝統を持つそんな京都の町が「京あるきin東京」で2週間にわたり東京にやってくる。スタンプラリーのほか、伝統芸能や教育にいたるまで、日本橋、東京駅周辺を中心に各会場で京都とコラボレーションしたさまざまなイベントが開かれる。東京にいながらにして京都の風情を感じてみよう。

サクセス イベント スケジュール

2月〜3月

世間で注目のイベントを紹介

雛人形

中国から伝来したと言われている雛祭り。現在では女の子の健やかな成長と幸せを願う節句として知られている。雛祭りでは雛人形を飾ってお祝いするのが一般的だが、その雛人形でお内裏さまとお雛さまの並びの位置が関東と関西（京都）では違っている。現在一般的には、向かって左側が男性、向かって右側が女性となっているが、関西では逆になっている。

インカ帝国展 マチュピチュ「発見」100年

3月10日(土)〜6月24日(日)
国立科学博物館

《顔型の頭部を持つアリバロ》15世紀後半〜1532年 レイメバンバ博物館 撮影：義井豊

「インカ帝国展」の招待券を5組10名様にプレゼントします。応募方法は76ページを参照。

いま明らかになるインカ帝国の謎

世界遺産にも登録されているインカ帝国の都市マチュピチュ。いまもなお多くの謎を残すインカ帝国について、考古学・人類学・歴史学などの各分野の最新研究をもとに、多角的な視点で迫っていく。日本では初となる大規模な展覧会。総点数約160点のインカの考古遺物は多くが日本初公開。また、3Dの実写とバーチャル映像でマチュピチュ遺跡を体感できる530インチの大型シアターも大迫力だ。

「虎屋のお雛様」

2月25日(土)〜4月8日(日)
根津美術館

内裏雛 丸平大木人形店製 日本・明治時代 19世紀 株式会社 虎屋蔵

和菓子の「虎屋」の豪華な雛祭り

和菓子の老舗として有名な「虎屋」。その14代店主・黒川光景が、明治30年（1897年）に生まれた娘のために調えた雛人形と雛道具の優品約270点が6年ぶりに公開される。京都の名店で作られた雛人形や、細部まで精巧に作られ大名家を中心に珍重された七澤屋製をはじめとする極小雛道具の数々が展示され、女の子の成長を祝う当時のお雛さまの華やかさを、知ることができる。

ザ・タワー〜都市と塔のものがたり〜

2月21日(火)〜5月6日(日)
江戸東京博物館

ジョルジュ・ギャレン「エッフェル塔のサーチライト」1889年（明治22）オルセー美術館蔵 Gift from Ms Solange Granet, Mrs Bernard Granet and her children, descendants of Gustave Eiffel, 1981©RMN (Musée d'Orsay) / René-Gabriel Ojéda distributed by AMF-OADIS

さまざまな塔から見る塔と人との関係性

スカイツリーの完成を記念して、都市と人と塔の物語を紹介する「ザ・タワー」。「眺める」「見上げる」「登る」「見晴らす」「思い出に残す」をキーワードに、塔の起源とされるバベルの塔や仏塔からエッフェル塔やスカイツリーまでさまざまな時代の都市に建てられた塔の資料が約380件展示される。また、合わせて常設展示内に「太陽の塔　黄金の顔」が展示されるなど、見どころ満載の企画となっている。

＜コーナー名＞

＜本文中記事＞

編集後記

受験も佳境に入ってきました。志望する私立高校の試験に合格してひと息ついた人もいると思います。公立高校を第一志望にしている人たちはこれからが本番です。思うように勉強がはかどらなかったり、受験までの日が少なくなって焦ったり、マイナス思考になっている受験生がいるのではないでしょうか。

そういうときは「高校に受かったら○○しよう」「部活は○○部に入ろう」と入学してからの楽しい学校生活を思い浮かべてください。そうすると自然に不安がなくなり、気持ちが楽になるはずです。身も心もガチガチにならずにリラックスして試験に臨みましょう。これまでの努力は決して裏切りません!　(M)

Success15 3月号

Information

『サクセス15』は全国の書店にてお買い求めいただけますが、万が一、書店店頭に見当たらない場合は、書店にてご注文いただくか、弊社販売部、もしくはホームページ(下記)よりご注文ください。送料弊社負担にてお送りします。

定期購読をご希望いただく場合も、上記と同様の方法でご連絡ください。

Opinion, Impression & etc

本誌をお読みになられてのご感想・ご意見・ご提言などがありましたら、ぜひ当編集室までお声をお寄せください。また、「こんな記事が読みたい」というご要望や、「こういうときはどうしたらいいの」といったご質問などもお待ちしております。今後の参考にさせていただきますので、よろしくお願いいたします。

サクセス編集室
TEL 03-5939-7928
FAX 03-5939-6014

高校受験ガイドブック2012③ サクセス15

発行　2012年2月15日　初版第一刷発行
発行所　株式会社グローバル教育出版
〒101-0047 東京都千代田区内神田2-4-2
TEL　03-3253-5944
FAX　03-3253-5945
http://success.waseda-ac.net
e-mail　success15@g-ap.com
郵便振替　00130-3-779535
編集　サクセス編集室
編集協力　株式会社 早稲田アカデミー

Next Issue

4月号は…

Special 1

慶應義塾特集

学部学科、著名人、附属校など
慶應義塾を徹底解剖

Special 2

勉強が楽しくなる雑学【文系編】

School Express

東京・豊島区・男子校
本郷高等学校

Focus on

千葉・千葉市・共学校
千葉県立千葉東高等学校